Gobierno

Max Weber

¿Qué es la burocracia?

sequitur

sequitur [sic: *sékwitur*]:

Tercera persona del presente indicativo del verbo latino *sequor*:
procede, prosigue, resulta, sigue.
Inferencia que se deduce de las premisas:
secuencia conforme, movimiento acorde, dinámica en cauce.

Max Weber (1864-1920)

Was ist die Bürokratie?

Traducción de Rufino Arar

publicada por Ediciones La Pléyade, Buenos Aires, 1977

© Ediciones sequitur, Madrid, 2024
Todos los derechos reservados
www.sequitur.es

ISBN: 978-84-127130-5-3
Depósito legal: M-1422-2024

Hecho en Madrid

Índice

¿QUÉ ES LA BUROCRACIA?

1. RASGOS CARACTERISTICOS DE LA BUROCRACIA

La burocracia moderna opera del siguiente modo específico:

I. Existe el principio de sectores jurisdiccionales estables y oficiales organizados en general normativamente, es decir, mediante leyes u ordenamientos administrativos.

1. Las actividades normales exigidas por los objetivos de la estructura gobernada burocráticamente se reparten de manera estable como deberes oficiales.

2. La autoridad que da las órdenes necesarias para la alternancia de esos deberes está repartida de manera estable y rigurosamente delimitada por normas referidas a los medios coactivos, físicos, sacerdotales o de otra especie, de que pueden disponer los funcionarios.

3. El cumplimiento normal y continuado de esos deberes, así como el ejercicio de los derechos correspondientes, es asegurado por un sistema de normas; sólo pueden prestar servicios aquellas personas que, según reglas generales, están calificadas para ello.

Estos tres elementos constituyen, en el gobierno público y legal, la "autoridad burocrática". En el ámbito económico privado forman parte de la "administración" burocrática. Tal como la hemos descrito, la burocracia sólo está del todo desarrollada en las comunidades políticas y eclesiásticas del Estado moderno; en el caso de la economía privada sólo lo está en las instituciones capitalistas más avanzadas. Una autoridad burocrática perdurable y pública, jurisdiccionalmente determinada, constituye normalmente una excepción y no una regla histórica. Esto es válido aun en grandes formaciones políticas, tales como las del antiguo Oriente, los imperios conquistadores germano y mogol, así como la mayoría de las formaciones feudales de Estado. En todos estos casos el gobernante ejecuta las disposiciones más importantes mediante administradores personales, compañeros de mesa o cortesanos. Las comisiones y autoridad de éstos no están delimitadas con precisión sino que se establecen de manera temporaria y para cada caso.

II. Los principios de jerarquía de cargos y de diversos niveles de autoridad implican un sistema de sobre y subordinación férreamente organizado, donde los funcionarios superiores controlan a los funcionarios inferiores. Este sistema permite que los gobernados puedan apelar, mediante procedimientos preestablecidos, la decisión de una repartición inferior a su autoridad superior. Un alto desarrollo del tipo burocrático lleva a una organización monocrática de la jerarquía de cargos. El principio de autoridad jerárquica de cargos se da en cualquier estructura burocrática: en las estructuras estatales y eclesiásticas, en las grandes organizaciones partidarias y en las empresas privadas. Carece de importancia para la índole de la burocracia el que su autoridad se considere "privada" o "pública".

La plena realización del principio de "competencia" jurisdiccional en la subordinación jerárquica no implica –por lo menos en los cargos públicos– que la autoridad "superior" esté simplemente autorizada a encargarse de los asuntos de la "inferior".

Lo normal es, más bien, lo contrario. Una vez creado y luego de haber cumplido su misión, un cargo tiende a seguir existiendo y a ser desempeñado por otro titular.

III. La administración del cargo moderno se funda en documentos escritos ("archivos") que se conservan en forma original o como proyectos.

Existe, así, un personal de subalternos y escribas de toda clase. El conjunto de los funcionarios "públicos" estables, así como el correspondiente aparato de instrumentos y archivos, integran una "repartición"; esto mismo es lo que en la empresa privada se llama "oficina".

La organización moderna del servicio civil separa, en principio, la repartición del domicilio privado del funcionario y, generalmente, la burocracia considera a la actividad oficial como un ámbito independiente de la vida privada.

Los fondos y equipos públicos están separados de la propiedad privada del funcionario: Este factor condicionante es, en todos los casos, el resultado de un largo proceso. En la actualidad se da tanto en las empresas públicas como en las privadas; en las privadas el principio alcanza incluso al empresario principal. La oficina del ejecutivo está, en principio, separada del hogar, y también lo están la correspondencia de negocios de la privada y el capital del negocio de las fortunas privadas. Estas separaciones son tanto más sólidas cuanto más arraigada se encuentra la práctica del tipo de administración empresarial moderna. Pero este proceso comienza a darse ya en la Edad Media.

Una característica del empresario moderno es su actuación como "primer funcionario" de su empresa, así como Federico II de Prusia, gobernante de un Estado burocrático moderno, se llamó a sí mismo el "primer funcionario" del Estado. La concepción de que las actividades administrativas del Estado difieren fundamentalmente de la administración privada es una concepción europea y, por comparación, es del todo ajena al sistema norteamericano.

IV. Administrar un cargo, y administrarlo de manera especializada, implica, por lo general, una preparación cabal y experta. Esto se exige cada vez más del ejecutivo moderno y del empleado de las empresas privadas, así como se exige del funcionario público.

V. Si el cargo está en pleno desarrollo, la actividad del funcionario requiere toda su capacidad laboral, aparte del hecho de que su jornada obligatoria en el despacho está, estrictamente fijada. Normalmente, esto es sólo producto de una prolongada evolución, tanto en los cargos públicos como en los privados. Anteriormente, en todas las situaciones, lo normal era lo contrario: las tareas burocráticas, se consideraban una actividad secundaria.

VI. La administración del cargo se ajusta a normas generales, más o menos estables, más o menos precisas, y que pueden aprenderse. El conocimiento de estas normas es un saber técnico particular que posee el funcionario. Abarca la jurisprudencia, o la administración pública o de empresas.

La naturaleza misma de la administración moderna de un cargo requiere el ajuste a normas. Por ejemplo, la teoría de la administración pública moderna supone que la autoridad para disponer ciertos asuntos por decreto –legalmente concedida a las autoridades públicas– no le da a la repartición derecho alguno para regular la cuestión por medio de órdenes dadas para cada caso, sino sólo para regularla de un modo general.

2. LA SITUACIÓN DEL FUNCIONARIO

Lo expuesto tiene las siguientes consecuencias para la situación interna y externa del funcionario:

I. La ocupación de un cargo es una "profesión". Esto es obvio, primero, en la exigencia de un curso de preparación estrictamente fijado, el cual reclama la plena capacidad de trabajo durante un largo período, y en las pruebas específicas que son un requisito previo para el empleo. Además, la posición del funcionario tiene naturaleza de deber. Esto opera del siguiente modo en cuanto a la estructura interna de sus relaciones; legalmente y de hecho, la ocupación de un cargo no es vista como una fuente de rentas a explotar, como fue lo normal en la Edad Media y, a menudo, hasta los inicios de una época reciente. Tampoco la ocupación de un cargo es considerada como un intercambio habitual de servicios por un equivalente salarial, como sucede con los contratos libres de trabajo. El acceso a un cargo, incluidos los de la economía privada, se considera como la aceptación de un deber particular de fidelidad a la administración, a cambio de una existencia segura. Para el carácter específico de la moderna fidelidad a un cargo es esencial el hecho de que, en el tipo puro, el cargo no determine una relación con una *persona*, como la fe del vasallo o el discípulo en las relaciones de autoridad feudal o patrimonial. La lealtad moderna se adhiere a finalidades impersonales y funcionales. Claro está que por lo general tras los objetivos funcionales hay "valores culturales", y éstos constituyen un *ersatz* para el jefe personal terrenal o supraterrenal: se considera que ideas tales como "Nación", "Iglesia", "comunidad", "partido", "empresa" se encarnan en una sociedad; conceden un halo ideológico al patrón.

Al menos en el Estado moderno desarrollado, el funcionario político no es visto como el servidor personal de un gobernante. Hoy en día, el obispo, el sacerdote y el predicador ya no exhiben, de hecho, un carisma puramente personal como a principios del cristianismo. Los valores supraterrenales y sagrados que brindan son otorgados a todos aquellos que en apariencia los merecen y que los piden. Antiguamente, estos dirigentes actuaban bajo las órdenes personales de sus jefes; en principio, sólo ante éstos eran responsables. En la actualidad, aunque la antigua teoría sobreviva parcialmente, estos dirigentes religiosos son funcionarios que sirven a un objetivo funcional, que en la "Iglesia" actual se ha vuelto "rutinario" y, a su vez, se ha consagrado ideológicamente.

II. La situación personal del funcionario se articula del siguiente modo:

1. El funcionario moderno, ya esté en una oficina privada, ya en una dependencia pública, siempre es un "esforzado" o un "sacrificado", y por lo general disfruta de una

neta estima social en comparación con los gobernados. Su rango social está garantizado por las normas prescriptivas del orden jerárquico y, en el caso del funcionario público, por figuras particulares del código penal contra "insultos a funcionarios" y "desacató" a las autoridades del Estado y eclesiásticas. Por regla general, la real posición social del funcionario es predominante cuando prevalecen las siguientes condiciones: una fuerte demanda de expertos calificados por parte de la administración; una diferenciación social enérgica y estable, en la cual el funcionario procede sobre todo de estratos económica y socialmente privilegiados en virtud del reparto social del poder. Por lo general, la posesión de certificados de estudios está vinculada a la calificación para el rango; y estos certificados, naturalmente, hacen resaltar el "elemento de status" dentro del rango social del funcionario. Además, en casos individuales, este factor de status se reconoce explícitamente y sin reservas; por ejemplo, en la regla de que la admisión o rechazo de un pretendiente a una carrera burocrática depende del consentimiento ("elección") de los miembros del cuerpo burocrático. Esto lo vemos, por ejemplo, en el cuerpo de oficiales del ejército alemán. Fenómenos semejantes, que producen esta cerrazón de la burocracia al estilo de los gremios, se encuentran, de modo característico, en las burocracias patrimoniales y, sobre todo, prebendarias del pasado. Entre los burócratas modernos, es bastante frecuente la tentativa de resucitar estos fenómenos en una forma modificada. Por ejemplo, en la exigencia de funcionarios proletarios y expertos durante la Revolución bolchevique.

Por lo general, la estima social de los funcionarios es sobremanera reducida cuando la exigencia de una administración experta y el predominio de las convenciones de status son débiles. Esto ocurre sobre todo en los Estados Unidos; y con frecuencia el caso se presenta en nuevas colonizaciones, debido a sus amplias posibilidades de logro de beneficios y a la gran movilidad de su estratificación social.

2. El tipo puro de funcionario burocrático es nombrado por una jerarquía superior. Un funcionario elegido por los gobernados no es una figura puramente burocrática. Claro está que la existencia formal de una elección no implica que ésta no disimule un nombramiento; en el Estado, sobre todo, nombramiento por parte de los jefes de partido.

Esto no depende de prescripciones legales, sino del mecanismo de funcionamiento de los partidos. Los partidos sólidamente organizados pueden transformar una elección formalmente libre en la simple aclamación de un candidato por el jefe del partido.

Sin embargo, por lo general, una elección formalmente libre se transforma en una pugna por votos en favor de uno de los dos candidatos seleccionados, pugna que tiene lugar según normas determinadas.

En cualquier circunstancia, la designación de funcionarios a través de una elección entre los gobernados altera el rigor de la subordinación jerárquica. Un funcionario así elegido tiene, en principio, una posición autónoma respecto del funcionario superior. La posición del funcionario elegido ha derivado "de abajo" y no "de arriba"; o por lo menos no de una jerarquía superior dentro de la estratificación burocrática, sino de poderosos hombres de partido ("caciques"), que también deciden su carrera futura. La carrera del funcionario elegido no depende, al menos no fundamentalmente, de su jefe dentro de la administración. Lo normal es que el funcionario que no es elegido, sino nombrado por un jefe, funcione con más eficiencia, desde un punto de vista técnico, pues, en igualdad de circunstancias, es más probable que su designación y su carrera estén determinadas por consideraciones y cualidades puramente funcionales. Los gobernados, como profanos, sólo pueden enterarse del grado en que el candidato está expertamente calificado en términos de experiencia, y, por consiguiente, sólo después de su servicio. Además, en las selecciones de funcionarios por elección, es natural que los partidos no insistan en las condiciones de pericia sino en los servicios prestados por los militantes al cacique del partido. Esto se aplica a toda forma de reclutamiento de funcionarios mediante elecciones, a la designación de funcionarios elegidos por los patrones del partido al confeccionar la lista de los candidatos; o al libre nombramiento por parte de un jefe, que él mismo ha sido elegido.

Si hay una gran demanda de expertos preparados por parte de la administración y los secuaces del partido tienen que aceptar una "opinión pública" intelectualmente desarrollada, educada y de orientación independiente, la utilización de funcionarios poco calificados repercute, en las siguientes elecciones, sobre el partido en el poder. Claro está que hay más probabilidades de que esto suceda cuando los funcionarios son nombrados por el jefe. Hoy en día, en los Estados Unidos, hay una exigencia de que la administración esté bien preparada, pero en las grandes ciudades, donde están "amontonados" los votos de los inmigrantes, no hay, por lo general, una opinión pública educada. En consecuencia, las elecciones populares del jefe administrativo, y también de sus funcionarios subordinados, alteran la calificación experta del funcionario y el funcionamiento riguroso del aparato burocrático. También se debilita la dependencia de los funcionarios respecto de la jerarquía. Esto sucede por lo menos en el caso de los grandes cuerpos administrativos cuya supervisión es dificultosa. En los Estados Unidos, se reconoce la alta calificación e integridad de los jueces federales, nombrados por el presidente, comparados con los jueces elegidos, aunque ambos tipos de funcionarios han sido seleccionados principalmente por consideraciones partidarias. Los grandes cambios dentro de la administración metropolitana norteamericana requeridos por los reformadores, han sido propiciados sustancialmente por alcaldes elegidos, con la colaboración de un equipo de funcionarios nombrados por ellos. Éstas reformas, entonces, se han hecho de modo "cesarista". Desde el punto de vista técnico, como estructura organizada de autoridad, la eficacia del "cesarismo", que con frecuencia surge de la democracia, se basa en general en la posición del "césar" como libre depositario de la voluntad del "pueblo" (del ejército o de los ciudadanos), no sometido a la tradición. Por consiguiente, el "césar" es el jefe irrestricto de un cuerpo de oficiales militares o funcionarios altamente calificados, elegidos libre y personalmente, sin reparar en la tradición o en otro tipo de consideraciones. Sin embargo, este "gobierno del genio" contradice el principio formalmente "democrático" de una burocracia elegida universalmente.

3. Lo normal es que la posición del funcionario sea vitalicia, al menos en las burocracias públicas; esto sucede cada vez con más frecuencia en todas las estructuras semejantes. Como norma de hecho, se presupone la *ocupación vitalicia*, incluso cuando tiene lugar la designación o el nombramiento periódico. A diferencia del trabajador de una empresa privada, en general, el funcionario disfruta de derechos de pertenencia. Cuando se fijan garantías legales contra un despido o traslado arbitrarios, las mismas sólo sirven para asegurar un relevo rigurosamente objetivo de los deberes específicos del cargo, libre de toda

opinión personal. En Alemania, éste es el caso de todos los funcionarios judiciales y, paulatinamente, también de los administrativos.

Por consiguiente, dentro de la burocracia, el grado de "independencia" legalmente asegurado por la pertenencia no siempre proporciona un mayor status al funcionario. En realidad, a menudo sucede lo contrario, sobre todo en culturas y comunidades antiguas muy diversificadas; en estas comunidades, cuanto más estricta es la subordinación bajo el dominio arbitrario del jefe, tanto más garantiza éste el mantenimiento del convencional estilo de vida señorial del funcionario. En virtud de la ausencia misma de estas garantías legales de pertenencia la estima convencional del funcionario puede presentarse del mismo modo como, en la Edad Media, se acrecentó la estima de la nobleza de oficio, en detrimento de la estima por los ciudadanos, y como la estima del juez real superó la del juez popular. Claro está que el funcionario medio ansía una ley de servicio civil que asegure materialmente su vejez y le dé mayores garantías contra un despido arbitrario del cargo. Sin embargo, este anhelo tiene sus límites.

Naturalmente, una intensificación muy grande del "derecho al cargo" dificulta llenarlos de acuerdo con la eficiencia técnica, ya que esa intensificación disminuye las posibilidades de hacer carrera para los candidatos ambiciosos. Esto explica de circunstancia de que los funcionarios, en conjunto, no adviertan su dependencia respecto

de los superiores. Sin embargo, esta carencia de un sentido de dependencia se basa principalmente en la inclina-
ción a depender de los propios iguales, más que de los
estratos gobernados y socialmente inferiores.

4. El funcionario recibe la compensación *pecuniaria* de
un *sueldo* regularmente establecido, y la seguridad de una
pensión para la vejez. El sueldo no se calcula, como un
salario, de acuerdo con el trabajo realizado, sino en términos de "status", es decir, según el tipo de función (la "cate-
goría") y también, probablemente, según la duración del
servicio. La seguridad relativamente superior de los ingresos del funcionario, así como las gratificaciones de estima
social, hacen del cargo burocrático una posición buscada,
especialmente. en países que ya no brindan oportunidades
de beneficios coloniales; en estos países, la situación colo-
nial permite fijar sueldos relativamente bajos para los funcionarios.

5. El funcionario tiene la expectativa de realizar una
carrera dentro del orden jerárquico del servicio público.
De las posiciones inferiores, poco importantes y peor
pagadas, pasa a las superiores. Claro está que el funcionario medio desea un ajuste mecánico de las condiciones de
promoción; si no de los cargos, por lo menos de los niveles de sueldo. Desea que las promociones se fijen según
criterios de "antigüedad", o quizá según la evaluación

estratificada de exámenes de pericia. Por doquiera, estos exámenes constituyen realmente un rasgo indeleble del funcionario y tienen un efecto vitalicio sobre su carrera. A esto se añade el deseo de restringir el derecho a ocupar cargos burocráticos y la creciente tendencia hacia una limitación del grupo de status y hacia una seguridad económica. Todo esto contribuye a considerar los cargos públicos como "prebendas" de los habilitados por certificados de estudios. El recaudo de considerar capacidades personales e intelectuales, independientemente del carácter frecuentemente subalterno del certificado de estudios, ha llevado a una condición en la cual los cargos políticos más elevados, sobre todo los de "ministro", se llenan fundamentalmente sin tomar en consideración dichos certificados.

3. SUPUESTOS Y CAUSAS DE LA BUROCRATIZACIÓN

Los supuestos económicos y sociales de la moderna estructura burocrática son los siguientes:

La evolución de la *economía monetaria* es un supuesto de la burocracia, ya que hay que compensar pecuniariamente a los funcionarios. En la actualidad no sólo prevalece este factor, sino que es la principal forma de compensación. Este hecho es sobre todo importante para el aspecto conjunto de la burocracia, aunque no es decisivo, sin embargo, para la propia existencia de ésta.

Los siguientes son ejemplos históricos de burocracias cuantitativamente importantes y netamente desarrolladas: a) Egipto, durante el periodo del nuevo Imperio, aunque con poderosos elementos patrimoniales; b) el Principado romano de la última época, y particularmente la monarquía diocleciana y el gobierno bizantino desarrollado a partir de ésta, conservando, sin embargo, fuertes elementos feudales y patrimoniales; c) la Iglesia católica romana, cada vez más acentuadamente desde fines del siglo XIII; d) China, desde la época de Shi Huangti hasta nuestros días, pero con fuertes elementos patrimoniales y prebendarios; e) en modalidades aún más netas, los Estados europeos modernos y, cada vez más todas las corporaciones públicas desde el período de las monarquías absolutas; f) la gran empresa capitalista moderna, tanto más burocrática cuanto mayor y más complicada se vuelve.

En gran medida, y parcialmente hasta de modo dominante, los casos del a) al d) se han fundado en una compensación de los funcionarios en especies. Pero también han presentado muchos otros caracteres y efectos específicos de la burocracia. El paradigma histórico de todas las burocracias posteriores –el nuevo Imperio egipcio–, es, a la vez, uno de los ejemplos más grandiosos de organización de una economía de subsistencia. La coexistencia de una burocracia con una economía de subsistencia es, empero, explicable, si se tienen en cuenta las condiciones bastante extraordinarias dadas en Egipto. Y las reservas, por cierto considerables, que deben formularse al clasificar como burocracia a esta estructura egipcia, están condicionadas por la propia economía de subsistencia. El prerrequisito normal para la existencia estable y continuada, e incluso para la instauración de administraciones burocráticas puras, es un cierto grado de desarrollo de una economía monetaria.

Conforme a la experiencia histórica, la carencia de una economía monetaria fácilmente puede provocar sustanciales modificaciones internas en la estructura burocrática, y hasta transformarla en otro tipo de estructura. Si los ingresos fijos de los funcionarios son determinados en especies provenientes de los fondos del monarca o de sus productos inmediatos, fácilmente puede ocurrir que esos funcionarios terminen por apropiarse de las fuentes tributarias para su explotación como propiedad privada. Los ingresos en especies han servido para proteger a los funcionarios de las fluctuaciones, en muchos casos muy pronunciadas, del poder adquisitivo del dinero. Generalmente, cuando las prerrogativas monárquicas se han debilitado, los impuestos en especies han devenido irregulares. En este, caso el oficial apela directamente a los tributarios de su distrito, esté o no facultado para ello.

Esto genera fácilmente la idea de asegurar al funcionario contra esas fluctuaciones, mediante hipoteca o transferencia de tributos, y por tanto del poder de exacción, o mediante la cesión al funcionario, para su uso personal, de tierras rentables del monarca. Toda autoridad central que no esté férreamente organizada se ve impulsada a adoptar este procedimiento, ya sea voluntariamente o porque los funcionarios así lo exigen. El funcionario puede satisfacerse con el uso de esos tributos o préstamos hasta el grado de sus demandas de sueldo y luego entregar el excedente. Pero esto conlleva una fuerte tentación y, por tanto, resulta esencialmente insatisfactorio para el monarca. Otro procedimiento consiste en fijar el sueldo del funcionario; esto ha ocurrido frecuentemente en la historia primitiva de la burocracia, alemana, y tuvo lugar máximamente en todos los gobiernos orientales de los sátrapas: el funcionario entrega una cantidad estipulada y retiene el resto.

La situación económica del funcionario es, en estos casos, muy semejante a la del recaudador de impuestos empresarial. De hecho, regularmente tiene lugar la explotación de cargos, incluso con la cesión de cargos al mejor postor. En el ámbito de una economía privada la transformación de los estatutos de servidumbre en relaciones de arrendamiento es el más importante de los variados ejemplos de ello. El sistema de arrendamiento hace posible que el monarca transfiera al arrendatario del cargo o al funcionario que percibirá una cantidad fija el problema de convertir en ingresos monetarios sus ingresos en especies. Así ocurrió con algunos regentes orientales de la Antigüedad.

Este propósito se ve facilitado cuando el monarca deja de ocuparse personalmente de la administración de lo recaudado y cede la explotación de la recaudación pública de impuestos.

Este procedimiento hace posible que el monarca organice sistemáticamente sus finanzas en un presupuesto, lo cual significa un importante progreso en la medida en que la subsistencia directa, basada en ingresos en especies no evaluables, es reemplazada por una evaluación fija de los ingresos y, por tanto, también de los gastos. Por otro lado, al sistematizar así su presupuesto el monarca renuncia al control y a la explotación plena de su capacidad de exacción en beneficio propio. La capacidad duradera de pagar impuestos puede resultar afectada por una explotación desmedida, conforme al grado de libertad otorgado al funcionario, a la repartición o al recaudador de impuestos. Contrariamente al soberano, el capitalista no está continuamente interesado en la capacidad de pago de sus súbditos.

Mediante regulaciones el monarca intenta protegerse contra esta pérdida de control. De modo que la forma de recaudación o transferencia de impuestos varía considerablemente de acuerdo con el reparto del poder entre el monarca y el concesionario. Puede predominar el interés del concesionario en la libre explotación de la capacidad de pago de impuestos, o el interés del monarca en la conservación de dicha capacidad. La índole del sistema de explotación de la recaudación está esencialmente determinada por la influencia conjunta o antagónica de estos motivos: la eliminación de fluctuaciones en la recaudación, la posibilidad de un presupuesto, la preservación de la capacidad de pago de los súbditos, protegiéndolos de la explotación económica, y un control estatal de las recaudaciones del funcionario a fin de adjudicarse el máximo posible. El Estado ptolomeico ejecutaba y controlaba burocráticamente la concusión de impuestos. La ganancia del concesionario se limitaba a una parte del correspondiente excedente sobre las retribuciones del recaudador, las cuales constituían, en realidad, una garantía. La posibilidad de una recaudación menor que esa suma era el riesgo corrido por el recaudador.

La concepción exclusivamente económica del cargo como fuente de ingresos privados para el funcionario también puede conducir a la compra directa de cargos. Esto ocurre cuando el monarca está en una situación tal que necesita no sólo ingresos normales sino también un capital monetario –por ejemplo, para la guerra o para saldar deudas. La compra de cargos es una institución que ha existido regularmente en los Estados modernos, en la Iglesia y en Francia e Inglaterra; existió tanto en el caso de sinecuras como de cargos muy importantes; persistió hasta el siglo XIX en la forma de comisiones a los funcionarios. Esta compra de cargos puede, en algunos casos aislados, carecer de un significado económico, y el valor de compra constituir, parcialmente o en conjunto, una fianza depositada como aval de un fiel servicio. Esta no ha sido, empero, la norma.

Cualquier clase de concesión de usufructos, tributos y servicios al monarca o al funcionario para su explotación personal implica siempre un debilitamiento respecto del tipo de organización burocrática pura. El funcionario que accede a tales situaciones ostenta un derecho personal a la posesión de su cargo. Esto es mayormente así cuando el deber y la retribución del funcionario se vinculan de tal modo que el funcionario no transfiere al monarca ninguno de los ingresos obtenidos de los objetos recibidos en cesión sino que los administra en función de sus intereses privados y, a la vez, se consagra al servicio personal o militar, político o eclesiástico, del soberano.

Hablemos de *prebendas*, o de un régimen "prebendario" del cargo, en aquellos casos en que el soberano le concede al funcionario rentas vitalicias, rentas referidas de alguna manera a objetos, o que son fundamentalmente usufructo *económico* de tierras u otras fuentes. Dichas rentas deben representar una compensación por el cumplimiento de deberes oficiales, auténticos o ficticios; son bienes separados permanentemente para la seguridad económica del cargo.

El pasaje de este régimen prebendario de la burocracia a una burocracia asalariada es bastante fluido. Frecuentemente ha sido "prebendario" el suministro económico del sacerdocio; así ocurrió en la Antigüedad y en la Edad

Media, y también en la modernidad. En casi todos los períodos, empero, es dable encontrar la misma modalidad en otras regiones. En virtud de la índole prebendaria de sus cargos, la ley sacerdotal china constreñía a los funcionarios en duelo a renunciar a sus cargos; efectivamente, se ordenaba la abstención del usufructo de propiedades durante el duelo ritual por el padre u otras autoridades familiares. En sus orígenes esta disposición tenía por finalidad evitar la mala voluntad del difunto amo de la casa, pues la casa era su propiedad y el cargo una mera prebenda, una fuente de reate.

Cuando no sólo se otorgan derechos económicos, sino también privilegios señoriales para su realización personal, con la estipulación de servicios personales al soberano, nos alejamos todavía más de la burocracia asalariada. Estos privilegios otorgados varían; por ejemplo, en el caso del funcionario político, pueden asumir carácter de dominio o carácter de autoridad oficial. En ambos casos, y por cierto en el segundo, el carácter específico de la organización burocrática puede ser enteramente destruido y pasamos al terreno organizativo del dominio *feudal*. Todo tipo de concesiones de servicios y usufructos en especies, como dotación del funcionario, propende a debilitar el mecanismo burocrático, y sobre todo la subordinación jerárquica; y esta última está desarrollada del modo más estricto en la disciplina de la burocracia moderna. Un rigor análogo al que presenta el funcionario contractualmente empleado del Occidente moderno –por lo menos bajo una dirección muy enérgica– sólo es posible lograrlo cuando el sometimiento de los funcionarios al soberano es personalmente absoluto, cuando la administración utiliza esclavos, o empleados tratados como esclavos.

Los funcionarios egipcios eran esclavos del faraón, legalmente o de hecho. Los latifundistas romanos preferían encomendar la administración directa de las cuestiones monetarias a esclavos, ya que era posible someterlos a torturas. En China, se ha tratado de lograr resultados semejantes mediante el uso generalizado del bambú como instrumento de disciplina. Sin embargo, son muy pocas las posibilidades de que estos medios coactivos funcionen de manera *permanente*. La experiencia muestra que la optimización para lograr y conservar una rigurosa mecanización del aparato burocrático radica en un sueldo monetario asegurado, vinculado con la posibilidad de realizar una carrera que no esté sometida a meras casualidades o caprichos. Una rigurosa disciplina y control, que a la vez tengan en cuenta el sentido del honor del funcionario, y el cultivo de sentimientos de prestigio del grupo de status, y también la oportunidad de una crítica pública, contribuyen a una rigurosa mecanización. De este modo el aparato burocrático funciona de manera más estricta que cualquier modalidad de esclavización legal de los funcionarios. Un fuerte sentimiento de status entre los funcionarios no sólo coincide con la voluntad del funcionario de subordinarse al jefe resignando toda voluntad propia, sino que los sentimientos de status resultan de esa subordinación, pues contribuyen al equilibrio interno de la idea que el funcionario tiene de sí mismo. La índole puramente personal del trabajo burocrático, con su separación de principio entre la esfera privada del funcionario y la oficial, proviene de la adaptación de éste a las condiciones funcionales dadas de un mecanismo fijo fundado en la disciplina.

Si bien el desarrollo avanzado de una economía monetaria no es un requisito indispensable para la burocratización, la burocracia como estructura permanente está unida a la presupuesta existencia de unos ingresos constantes que permitan su sostén. Cuando estos ingresos no resultan de beneficios privados, como ocurre en la organización burocrática de las grandes empresas modernas, o de rentas rurales duraderas, como en el feudo, un sistema de tributación *estable* es requisito previo para la existencia continua de una administración burocrática. Por razones conocidas y generales, sólo una economía monetaria ampliamente desarrollada brinda una base firme para ese sistema tributario. El grado de burocratización administrativa ha sido relativamente más alto en comunidades urbanas con economías monetarias ampliamente desarrolladas, que en los Estados contemporáneos de las llanuras, mucho más extensos. Sin embargo, en la medida en que estos Estados de las llanuras han conseguido desarrollar sistemas organizados de tributación, la burocracia se ha desarrollado de modo más abarcante que en las ciudades-Estado. Cada vez que las dimensiones de la ciudad-Estado se han mantenido dentro de límites moderados, la tendencia hacia una administración plutocrática y colegiada por parte de los notables se ha ceñido más adecuadamente a su estructura.

4. EL DESARROLLO CUANTITATIVO DE LAS TAREAS ADMINISTRATIVAS

El desarrollo específico de las tareas administrativas siempre ha sido terreno apto para la burocratización de una administración. Comentaremos, en primer lugar, la dimensión cuantitativa de estas tareas. En el área de la política, el gran Estado y el partido de masas son el terreno clásico para la burocratización. Esto no significa que toda organización de grandes Estados, históricamente unificada y auténtica, haya implicado una administración burocrática. La perduración de un gran Estado ya existente, o la nivelación de una cultura surgida en ese Estado, no siempre han estado unidas a una estructura burocrática del mismo. Empero, ambos rasgos han coexistido en gran medida en el Imperio chino, por ejemplo. Los grandes imperios negros, y organizaciones similares, sólo tuvieron una existencia efímera, debido principalmente a la ausencia de un aparato de funcionarios. Sin embargo, esta organización tenía un carácter fundamentalmente patrimonial, más que burocrático. Empero, en una perspectiva meramente temporal, el Imperio de los califas y sus predecesores en el Asia se han mantenido durante largo tiempo, y su organización de funcionarios fue primordialmente patrimonial y prebendaria. Así también, el Sacro Imperio Romano duró largo tiempo, a pesar de la carencia casi total de una burocracia. Todos estos reinos representaron una unidad cultural de un vigor al menos similar al que suelen crear las formas de gobierno burocráticas.

El antiguo Imperio romano se disolvió internamente, a pesar de una creciente burocratización, e incluso durante su mismo desarrollo. Esto se originó en el modo como fueron repartidas las cargas tributarias por el Estado burocrático, el cual promovía la economía de subsistencia. Vistas desde las perspectivas de la intensidad de sus unidades meramente *políticas*, las existencias temporales de los imperios de los califas, carolingio y otros emperadores medievales fueron, fundamentalmente, conjuntos inestables y nominales. En general, la posibilidad de una acción política fue disminuyendo continuamente y la unidad relativamente grande de la *cultura* surgió de estructuras eclesiásticas de carácter rigurosamente unificado, en parte, y cada vez más burocrático de la Edad Media occidental. En parte, la unidad de estas culturas fue un resultado de la amplia homogeneidad de sus estructuras sociales, la cual, a su vez, fue la herencia y modificación de su antigua unidad política. Ambos son fenómenos de la tradicional esclerosis de la cultura, y resultaron ser una base tan firme que incluso grandes proyectos de expansión, como las Cruzadas, pudieron realizarse a pesar de la falta de una unidad política sólida; se podría decir que se realizaron como "empresas privadas". Sin embargo, el fracaso de las Cruzadas y su desarrollo político a menudo irracional están unidos a la ausencia de un poder estatal unificado y sólido que las respaldara. Y no hay duda de que en la Edad Media los núcleos de los Estados "modernos" se desarrollaron unidos a estructuras burocráticas. Además, al final, es indudable que estas estructuras políticas bastante burocráticas conmovieron los conjuntos sociales, basados fundamentalmente en un equilibrio inestable.

La desintegración del Imperio romano estuvo parcialmente determinada por la misma burocratización de su aparato militar y administrativo. Esta burocratización sólo pudo realizarse haciendo efectivo un sistema tributario que, por su reparto de los impuestos, debía condicionar necesariamente un crecimiento relativo de la importancia de una economía de subsistencia. En el conjunto siempre entran factores individuales de este tipo. También tiene su papel la "intensidad" de las actividades externas e internas del Estado. Completamente aparte del vínculo entre la influencia del Estado sobre la cultura y el grado de burocratización, se puede decir que "por lo general" –aunque con excepciones– la fuerza de expansión está directamente relacionada con el grado de burocratización. En efecto, dos de las entidades políticas más expansivas, el Imperio romano y el Imperio mundial británico, sólo se fundaron en menor grado en infraestructuras burocráticas, en sus períodos más expansivos. En Inglaterra, el Estado normando puso en práctica una organización rigurosa sobre la base de una jerarquía feudal. En gran parte, ésta tuvo su unidad y su impulso en virtud de la burocratización de la hacienda real, que era muy rigurosa en comparación con opas estructuras políticas del período feudal. Posteriormente, el Estado inglés no participó en el desarrollo continental hacia una burocratización, sino que siguió siendo una administración de notables. Análogamente a la administración republicana de Roma, el gobierno inglés de notables fue producto de la relativa carencia de un carácter continental, así como de precondiciones totalmente únicas, que hoy en día comienzan a desaparecer. Una de estas precondiciones particulares es la no necesidad de los grandes ejércitos en armas que requiere para sus fronteras terrestres un Estado continental con las mismas tendencias expansivas. En Roma la burocratización progresó con el pasaje de un círculo de fronteras costero a uno continental. Por lo demás, en la estructura romana de dominación, el carácter rigurosamente militar de las autoridades magistradas compensó la ausencia de un aparato burocrático con su eficiencia técnica y homogeneidad de funciones administrativas, sobre todo fuera de los límites de la ciudad. La continuidad de la administración estaba asegurada por la posición única del Senado. En Roma, como en Inglaterra, un requisito previo de esta dispensabilidad de la burocracia fue la circunstancia de que las autoridades estatales fueron "minimizando" paulatinamente el alcance de sus funciones en la ciudad. Limitaron sus funciones a lo que era esencialmente indispensable por directas "razones de Estado".

Al comenzar el período moderno, todas las prerrogativas de los Estados continentales se concentraron en los monarcas, que prosiguieron con más rigor la burocratización administrativa. Desde un punto de vista técnico es obvio que el gran Estado moderno depende totalmente de una estructura burocrática. Cuanto más grande sea el Estado, y cuanto más sea o devenga una gran potencia, más necesariamente estará en ese caso.

Los Estados Unidos todavía tienen el carácter de una comunidad política que no está totalmente burocratizada, por lo menos en sentido técnico. Pero, a medida que aumentan las zonas de fricción con el exterior y se hace más imperiosa la necesidad de unidad administrativa en el interior, ese carácter se hace imprescindible y, progresivamente, abre camino a la estructura burocrática. Además, la forma en parte no burocrática de la organización estatal de los Estados Unidos está contrarrestada materialmente por las estructuras más rigurosamente burocráticas de las instituciones que tienen el real dominio político, a saber: los partidos conducidos por profesionales o expertos en organización y tácticas electorales. La conformación cada vez más burocrática de todos los verdaderos partidos de masas da el ejemplo más sobresaliente de la importancia de la cantidad como pauta de la burocratización de una formación social. En Alemania, particularmente, el Partido Socialdemócrata, y los dos "históricos" partidos norteamericanos, son burocráticos al máximo.

5. Transformaciones cualitativas de las tareas administrativas

La burocratización es provocada más por el aumento intensivo y cualitativo y el desarrollo interno de las tareas administrativas, que por la ampliación extensiva y cuantitativa. Pero hay una gran variación en la dirección tomada por la burocratización y los motivos que la provocan.

En Egipto, el más antiguo país con una administración estatal burocrática, el ordenamiento público y conjunto de canales y ríos, para el país entero y desde arriba, era inevitable a causa de factores técnicos y económicos. Este ordenamiento suscitó el mecanismo de escribas y funcionarios. Una vez instaurado, incluso en la primera época, este mecanismo tuvo otro campo de actuación en las grandes empresas de construcción, que estaban reguladas militarmente. Como dijimos, la tendencia burocrática está influida por necesidades provenientes de la creación de ejércitos en armas, condicionada por políticas de poder y por el desarrollo de la hacienda pública vinculada con el aparato militar.

En el Estado moderno, las progresivas exigencias que se plantean a la administración se deben a la complejidad cada vez mayor de la civilización y tienden a la burocratización. Naturalmente, expansiones importantes, sobre todo de ultramar, han sido llevadas a cabo por Estados gobernados por notables (Roma, Inglaterra, Venecia). Sin embargo, la "intensidad" de la administración, es decir, el pasaje de tantas tareas como sea posible a la organización del Estado propiamente dicho para su permanente resolución, sólo se ha visto ligeramente desarrollada en los grandes Estados gobernados por notables, especialmente Roma e Inglaterra, en comparación con las formaciones políticas burocráticas.

Tanto en las administraciones de notables como en las burocráticas, la *estructura* del poder estatal ha tenido una poderosa influencia en la cultura. Las exigencias formuladas a la cultura están condicionadas, aunque en grado variable, por la creciente riqueza de los grupos más influyentes del Estado. De este modo, la progresiva burocratización se hace dependiente de la creciente posesión de bienes de consumo y de una técnica de conformación de la vida externa cada vez más sofisticada –y esta técnica corresponde a las oportunidades que brinda dicha riqueza. Esto reacciona sobre el nivel de vida y causa una creciente exigencia subjetiva de satisfacción organizada, colectiva y en consecuencia burocrática, de las necesidades más diversas, que antes no se conocían o se satisfacían a nivel local o por medio de una economía privada.

Entre los elementos puramente funcionales, la creciente exigencia de orden y protección ("policía") en todos los niveles, por parte de una sociedad habituada a una pacificación total, desarrolla una influencia sostenida en la tendencia hacia la burocratización. Un proceso ininterrumpido nos conduce de los cambios de los feudos hereditarios, sacerdotales o mediante el arbitrio, a la actual consideración del policía como el "representante de Dios en el mundo". Anteriormente la garantía de los derechos y de la seguridad del individuo estaban a cargo de los miembros de su estirpe, los cuales estaban obligados a prestarle ayuda en juramentos y venganzas. Además de otros factores, las abundantes tareas de la llamada "política de bienestar social" se cumplen fundamentalmente en el sentido de la burocratización, ya que esas tareas en parte son impuestas al Estado por grupos de interés y en parte el Estado las usurpa por razones de política de poder o por motivos ideológicos. Naturalmente que esas tareas están, en gran medida, económicamente determinadas.

Entre los factores primordialmente técnicos, los modernos medios de comunicación sirven al avance de la burocratización. Vías terrestres, fluviales y marítimas, ferrocarriles, las comunicaciones telegráficas y telefónicas, etc., todo esto debe ser administrado necesariamente de manera pública y colectiva; esta administración resulta parcialmente conveniente desde un punto de vista técnico. Desde esta perspectiva, los actuales medios de comunicación desempeñan a menudo un papel análogo al de los canales en la Mesopotamia o la regulación del Nilo en el antiguo Oriente. El incremento de los medios de comunicación tiene una importancia decisiva para que sea posible una administración burocrática, aunque no es la única condición decisiva. En Egipto, por cierto, la centralización burocrática, en base a una economía casi de pura subsistencia, nunca habría adquirido el desarrollo que logró sin la ruta comercial natural del Nilo. En la Persia moderna, para propiciar la centralización burocrática, los funcionarios de telégrafo recibieron órdenes oficiales de informar al Shah sobre todo lo ocurrido en las provincias, independientemente de las autoridades locales. Además, se concedió el derecho de que los habitantes formularan directamente sus quejas por telégrafo. Con el control de las comunicaciones y de los transportes, el Estado moderno puede ser administrado tal como lo es.

Los ferrocarriles, por su parte, están unidos al desarrollo del comercio local de bienes masivos. Este comercio es una de las condiciones de la formación del Estado moderno. Como ya vimos, esto no puede aplicarse absolutamente al pasado.

6. Ventajas técnicas de la organización burocrática

La superioridad puramente técnica de la organización burocrática ha sido siempre la razón decisiva de su progreso respecto de toda otra forma de organización. El mecanismo burocrático es a las demás organizaciones como la máquina es a los modos de producción no mecanizados.

Precisión, velocidad, certidumbre, conocimiento de los archivos, continuidad, discreción, subordinación estricta, reducción de desacuerdos y de costos materiales y personales son cualidades que, en la administración burocrática pura, y fundamentalmente en su forma monocrática, alcanzan su nivel óptimo. La burocracia planificada es, en los mencionados aspectos, comparativamente superior a las restantes formas de administración, colegiada, honorífica y no profesional. Incluso, tratándose de tareas complejas, el trabajo burocrático a sueldo resulta no sólo más preciso sino también, en última instancia, menos costoso que el servicio *ad honorem* formalmente no remunerado.

El trabajo administrativo realizado *ad honorem* se convierte en un entretenimiento, lo cual da motivos para que el servicio honorífico se realice con mayor lentitud, a saber, porque es menos formal y está menos vinculado a esquemas. Por tanto, es más impreciso y está menos centralizado que el trabajo burocrático, puesto que depende menos de superiores, y porque la creación y explotación del aparato de funcionarios subordinados y servicios de archivos son casi ineludiblemente más costosas. El servicio honorífico posee menos continuidad que el burocrático y frecuentemente resulta bastante costoso. Se advierte que ello es así si se tiene en cuenta no sólo el dinero que cuesta al erario público –costes que por lo general aumentan considerablemente con la administración burocrática respecto de la administración por notables–, sino también los frecuentes perjuicios económicos ocasionados a los gobernados por retrasos y falta de precisión. La posibilidad de una administración por notables sólo existe de manera regular y duradera cuando puede eliminarse exitosamente la administración oficial como entretenimiento. Pero el aumento cualitativo de las tareas con que se enfrenta la administración limita los alcances de la administración por notables; hoy en día esto ocurre incluso en Inglaterra. El trabajo dispuesto en cuerpos colegiados provoca fricción y demoras y genera compromisos entre intereses y opiniones antagónicos. La administración opera, pues, con más imprecisión y mayor autonomía respecto de los superiores; es, por tanto, menos centralizada y más lenta. Todos los progresos de la organización administrativa prusiana fueron progresos del principio burocrático, y fundamentalmente monocrático.

Actualmente la economía capitalista de mercado es la primera en reclamar que los asuntos administrativos oficiales se resuelvan con la mayor precisión, claridad, continuidad y rapidez posibles. Las grandes empresas capitalistas modernas constituyen, en general, por su organización interna, modelos inigualados de organización burocrática rigurosa. Toda la administración de un negocio se funda en una progresiva precisión, estabilidad y, fundamentalmente, rapidez en las operaciones. Esto está a su vez determinado por la índole peculiar de los medios modernos de comunicación, abarcando, entre otros, el servicio informativo de la prensa. La creciente rapidez de transmisión de los comunicados públicos, así como de los hechos políticos y económicos, presiona aguda y constantemente en el sentido de apresurar el ritmo de reacción administrativa ante situaciones diversas. Regularmente sólo una organización rigurosamente burocrática obtiene el período óptimo de reacción.

La burocratización implica en particular la posibilidad óptima de poner en práctica el principio de la especialización de las funciones administrativas conforme a regulaciones estrictamente objetivas. Las actividades particulares les son confiadas a funcionarios especializados que, con la práctica, van aprendiendo cada vez más. La resolución "objetiva" de los asuntos presupone primeramente una resolución conforme a *normas calculadas* y "sin tomar en cuenta a las personas".

"Sin tomar en cuenta a las personas" es, también, la consigna del "mercado" y, generalmente, de toda consecución de intereses exclusivamente económicos. Un sólido ejercicio de la dominación burocrática implica una nivelación del "honor" de status. Si no se limita simultáneamente el principio del libre mercado esta consecuencia implica, a su vez, el predominio universal de la "situación de clase". Las diferencias entre los posibles principios a que apelan las comunidades políticas para satisfacer sus necesidades explica el hecho de que esta consecuencia de la dominación burocrática no se haya verificado en todas partes, paralelamente a la extensión de la burocratización.

También el segundo factor mencionado, "normas calculables", es sumamente importante para la burocracia moderna. La especificidad de la cultura moderna, y particularmente de su base técnica y económica, exige precisamente esta "calculabilidad" de los resultados. Cuando llega a desarrollarse plenamente, también la burocracia se rige, en un sentido específico, por el principio del *sine ira ac studio*. Su índole peculiar, bien recibida por el capitalismo, evoluciona tanto más perfectamente cuanto más se "deshumanice" la burocracia, cuanto más acabadamente logra despojar a los asuntos oficiales del amor, el odio y demás factores personales, irracionales y emocionales que escapan a todo cálculo. Ésta es la índole peculiar de la burocracia, y es estimada como su virtud específica.

Cuanto más compleja y especializada deviene la cultura moderna tanto más necesita de un *perito* personalmente indiferente y rígidamente "objetivo" para su aparato sustentador externo, en lugar del maestro de estructuras sociales más antiguas abierto al influjo de la simpatía personal, del favor, la gracia y la gratitud. La burocracia facilita, y en su combinación más favorable, las disposiciones requeridas por el aparato externo de la cultura moderna. Sólo la burocracia ha puesto el fundamento para la administración de una ley racional, conceptualmente sistematizada, sobre la base de estatutos, tales como los que fueron sancionados por primera vez, con un alto grado de perfección técnica, en la última época del Imperio romano. Esta ley fue heredada por la Edad Media junto con la burocratización de la administración legal, esto es, junto con la sustitución del antiguo procedimiento procesal, fundado en la tradición o en supuestos irracionales, por el perito especializado y preparado racionalmente.

7. Burocracia y Derecho

La interpretación "racional" del Derecho, fundada en concepciones puramente formales, se contrapone al tipo de adjudicación ligado ante todo a tradiciones sagradas. El caso particular que no puede resolverse con precisión ateniéndose a la tradición se soluciona o bien por "revelación" concreta (oráculo, decisión profética u ordalía, es decir mediante una justicia "carismática"), o bien –y sólo éstos son los casos que nos interesan aquí– mediante juicios informales expresados en términos de valoraciones éticas concretas, o de otra clase práctica. A este tipo de justicia, R. Schmidt lo ha llamado apropiadamente "justicia de los Cadíes". También pueden formularse juicios formales, pero no basándose en una clasificación de conceptos racionales sino mediante "analogías" y dependiendo de, e interpretando, "precedentes" concretos. Esto es la "justicia empírica".

La justicia de los Cadíes carece de cualquier clase de juicio razonado. Tampoco la justicia empírica proporciona, en su pureza, ningún motivo al que pudiéramos calificar de racional, conforme a nuestro significado de la palabra. La índole concretamente valorativa de la justicia de los Cadíes puede promover una ruptura profética con toda tradición. La justicia empírica, a su vez, puede sublimarse y racionalizarse en una "tecnología". En todas las formas de dominación no burocrática nos encontramos con la peculiar coexistencia de un ámbito de estricto tradicionalismo con un ámbito de libre arbitrariedad y gracia señorial. Son, pues, muy frecuentes las combinaciones y formas de transición entre ambos principios. De esto nos ocuparemos en otro contexto.

Mendelssohn ha demostrado que en Inglaterra, incluso actualmente, un amplio sector de la justicia funciona, en realidad, al estilo de los Cadíes, y hasta un punto casi inconcebible en el continente. De hecho también la justicia alemana funciona frecuentemente de igual modo que esta justicia inglesa, a saber, al descartar una declaración de los fundamentos de su veredicto. En general debe prevenirse la creencia de que los principios "democráticos" de justicia coinciden con una adjudicación "racional" (en el sentido de racionalidad formal). Como lo demostraremos en otro contexto en realidad sucede lo contrario. La adjudicación inglesa y norteamericana de los tribunales supremos sigue siendo, en gran medida, empírica; y particularmente lo es la adjudicación por precedentes. La razón del fracaso de los esfuerzos realizados en Inglaterra para una codificación racional del Derecho, así como el fracaso en la adopción del Derecho romano, hay que buscarla en la eficaz oposición a dicha racionalización por parte de los grandes gremios de abogados organizados centralmente. Estos gremios formaban un sector monopólico de notables del cual provenían los jueces de los grandes tribunales del reino. Ellos dominaban la instrucción jurídica como una tecnología empírica, muy desarrollada, y lucharon exitosamente contra toda acción favorable a un Derecho racional que pusiera en peligro su posición social y material. Fueron los tribunales eclesiásticos, y durante cierto tiempo también las universidades, quienes iniciaron estas acciones.

La contienda de los partidarios del Derecho común contra el Derecho romano y eclesiástico y el poder de la Iglesia se originó en gran medida debido al factor económico que significaba el interés del abogado por sus honorarios; esto es claramente evidente en la participación del rey en la contienda. La situación de poder de los abogados victoriosos quedó, empero, condicionada por la centralización política. Alemania, particularmente, por razones políticas, carecía de una jerarquía de notables socialmente poderosa. No había ninguna jerarquía que, de manera similar a los abogados ingleses, pudiera reservarse la administración nacional del Derecho, llevar el Derecho nacional al rango de una tecnología con un aprendizaje reglamentado y resistir a la intromisión de la preparación técnicamente superior de los juristas especializados en Derecho romano.

El hecho de que el Derecho romano se adaptara sustancialmente mejor a las necesidades del capitalismo naciente no decidió su victoria en la Europa continental. Las instituciones legales características del capitalismo moderno son todas ajenas al Derecho romano y de origen medieval. Lo decisivo fue el ordenamiento racional del Derecho romano y, particularmente, la necesidad técnica de poner el procedimiento procesal en manos de expertos racionalmente instruidos, esto es, hombres instruidos en las Universidades y conocedores del Derecho romano. La instrucción especializada era necesaria, dada la creciente complejidad de los casos legales prácticos y la creciente racionalización de la economía, que exigían un procedimiento racional de evidencia en lugar de la verificación de la veracidad de los hechos mediante revelaciones concretas o garantías sacerdotales que, por supuesto, son medios de prueba ubicuos y primitivos. Transformaciones económicas estructurales fueron también factores determinantes de esta situación legal. Este factor intervino en todas partes; inclusive en Inglaterra, donde el poder real adoptó el procedimiento racional de evidencia en beneficio de los comerciantes. No ha sido, empero, este factor económico, el motivo determinante de las diferencias de evolución entre el Derecho sustantivo inglés y el alemán, sino que éstas resultan de la evolución legalmente autónoma de las correspondientes estructuras de dominación.

La justicia centralizada y la dominación de notables, en Inglaterra, se han dado juntas; en Alemania coexisten una burocratización y una descentralización política. Debido a ello Inglaterra, el primer país capitalista y el más desarrollado de la modernidad, mantuvo una magistratura más irracional y menos burocrática. El capitalismo inglés hubiera podido, empero, adaptarse fácilmente a ello, sobre todo en razón de que hasta la modernidad la índole de la formación de los tribunales y del procedimiento procesal resultaba, en la realidad, una amplia privación de justicia para los grupos económicamente débiles. Esto influyó poderosamente sobre la distribución territorial en Inglaterra, favoreciendo la acumulación e inmovilización de la riqueza terrateniente. En igual sentido influyeron la duración y gastos de la transferencia de bienes raíces, determinados por los intereses económicos de los abogados.

Durante la época de la República, el Derecho romano representa una combinación única de elementos racionales y empíricos, e inclusive de elementos de la justicia de los Cadíes. Estos últimos se encuentran en el sistema de nombramiento de un jurado como tal y en las *actiones in factum* del *praetor* que, en los comienzos, sin duda tuvieron lugar "entre un caso dado y otro". El sistema de fianzas de la justicia romana y todos sus derivados, incluso parcialmente la práctica de réplicas de los juristas clásicos, presentaban un carácter "empírico". La decisiva conversión del pensamiento jurídico, en el sentido de un acercamiento al pensamiento racional, está predeterminada por la índole técnica de la instrucción del procedimiento procesal, confiada a las fórmulas del edicto legal, las cuales se adaptaban a concepciones legales. En la actualidad el predominio del principio de substanciación prioriza la presentación de los hechos, cualquiera sea la perspectiva legal que justifique la demanda. Actualmente se carece de una compulsión similar que constriña a presentar formalmente y con precisión el sentido de los conceptos; pero esta compulsión surgió con la cultura técnica del Derecho romano.

De modo que en el desarrollo del Derecho racional incidieron los factores técnicos del procedimiento procesal, los cuales sólo indirectamente se originaron en la estructura estatal. La racionalización del Derecho romano en un sistema cerrado de conceptos manejados científicamente sólo se perfeccionó durante el período de burocratización de la propia comunidad política. Este carácter racional y sistemático diferencia categóricamente al Derecho romano de todo Derecho originado en Oriente o en la Grecia helénica.

Las respuestas rabínicas del Talmud ejemplifican paradigmáticamente una justicia empírica no racional sino "racionalista" y, a la vez, *nutrida* por la tradición. En última instancia todo veredicto profético es justicia de los Cadíes pura, *no nutrida* por la tradición, y según el esquema: "Está escrito… pero yo os digo." Cuanto más enérgicamente sobresale la índole religiosa de la posición del Cadí (o un juez semejante), tanto más libremente predomina el juicio del caso individual y tanto menores son los impedimentos que generan las normas en el interior de su esfera operacional no nutrida por la tradición sagrada. Así, por ejemplo, una generación posterior a la ocupación francesa de Túnez todavía sobrevivía un obstáculo muy tangible para el capitalismo en el hecho de que el tribunal eclesiástico (la *Chara*) fallaba sobre la propiedad territorial según "libre discreción", como lo expresaban los europeos.

Es indudable que "factualidad" y "pericia" no coinciden necesariamente con el predominio de normas generales y abstractas. Ello ni siquiera es válido en el caso de la moderna administración de justicia. La idea de "una ley sin lagunas" es, por supuesto, enérgicamente cuestionada. La representación del juez moderno como un autómata que recibe los legajos y los costes a fin de poder emitir el veredicto, junto con las razones justificatorias de éste, mecánicamente transcriptas de párrafos codificados, es una representación airadamente resistida, quizá en razón de que una sólida burocratización de la justicia trae aparejada cierta aproximación a ese modelo. En el ámbito del procedimiento judicial existen sectores en los que el legislador constriñe directamente al juez burocrático a "individualizar" los procedimientos.

Respecto de la acción administrativa propiamente dicha, es decir, respecto de toda la actividad estatal que se desarrolla fuera del campo de la creación de leyes y procedimientos judiciales, existe la costumbre de reivindicar la libertad y el predominio de las circunstancias individuales. Se piensa que las normas generales cumplen un papel principalmente negativo al constituirse en trabas para la actividad positiva y "creativa" del funcionario, la cual jamás debiera estar controlada. Sin embargo, es esencial el hecho de que esta administración (y posiblemente magistratura) supuestamente "creativa" no sea un campo de *libre* acción voluntaria, de perdón, y de favores y calificaciones personales, como ocurre en las formas preburocráticas. Siempre existe, como regla de conducta, la normativa y la evaluación "racional" de las finalidades "objetivas", así como la fidelidad a éstas. Respecto de la administración ejecutiva, sobre todo en los campos donde la voluntad "creativa" del funcionario está más rigurosamente establecida, se respeta la idea, primordialmente moderna y estrictamente "objetiva", de las "razones de Estado", como norma suprema y decisiva de la actuación del funcionario.

Claro está que el certero instinto de la burocracia para consolidar las condiciones indispensables para mantener su poder en su propio Estado está indisolublemente unido a la canonización de la idea abstracta y "objetiva" de las "razones de Estado". En última instancia, los intereses de poder de la burocracia sólo suministran un contenido concretamente utilizable a ese ideal; y, en caso de duda, deciden finalmente los intereses de poder. Aquí no podemos seguir con esta discusión. El único punto decisivo, para nosotros, es que, en principio, en el reverso de todo acto de administración burocrática, es decir, ordenamiento según normas o bien evaluación de medios y fines, se halla un conjunto de "motivos" racionalmente discutibles.

El propósito de las tendencias "democráticas", en tanto que tendencias a minimizar la "autoridad", es necesariamente ambiguo. La "igualdad ante la ley" y el reclamo de garantías legales contra la arbitrariedad exigen una "objetividad" formal y racional de la administración, en oposición al despliegue personalmente libre proveniente de la "gracia" de la antigua dominación patrimonial. Pero cuando un "*ethos*" –por no hablar de instintos– se impone en las masas respecto de algún asunto individual, ese *ethos* pide una justicia *sustantiva* referida a algún caso y persona concretos; y este *ethos* chocará necesariamente con el formalismo y el impasible "factualismo" reglado de la administración burocrática. Por esta razón, el *ethos* exige rechazar de manera emotiva lo que exige la razón.

Una "igualdad formal ante la ley", y una distribución y administración "racionalmente calculables", tal como las exigen los intereses burgueses, no sirven a las masas desposeídas. Desde la perspectiva de éstas, es natural que la justicia y la administración de bienes sirvan para subsanar las carencias de sus oportunidades económicas y sociales de vida, respecto de las clases poseedoras. Pero la justicia y la administración sólo pueden desempeñar ese papel si asumen en gran medida un carácter informal. Todo tipo de "justicia popular", así como todo género de influencia de la llamada opinión pública sobre la administración, traban el desarrollo racional de la justicia y de la administración con una fuerza semejante a la de los manejos astrológicos de un gobernante "absoluto". En este nivel, es decir, en las condiciones de una democracia de masas, la opinión pública se reduce a un comportamiento comunal surgido de "sentimientos" irracionales. Por lo general, la difunden o determinan los dirigentes de partido y la prensa.

8. LA CONCENTRACIÓN
DE LOS MEDIOS ADMINISTRATIVOS

La estructura burocrática implica la concentración de los recursos materiales de administración en manos del jefe. Esta concentración se produce, por ejemplo, de modo conocido y típico, en el desarrollo de las grandes empresas capitalistas, las cuales adquieren sus características esenciales en ese proceso. En las organizaciones públicas ocurre un proceso análogo.

El ejército con conducción burocrática de los faraones, el ejército en la última fase de la República romana y durante el Principado, y, sobre todo, el ejército del Estado militar moderno, se distinguen por el hecho de que su equipo y su provisión provienen de los depósitos del jefe guerrero. Esto se diferencia de los ejércitos populares de las tribus agrícolas, de la ciudadanía armada de las ciudades antiguas, de las milicias de las primeras ciudades medievales y de todos los ejércitos feudales; en éstos era normal el autoequipamiento y el autoaprovisionamiento de todos los que debían combatir.

Hoy en día la guerra es una guerra de máquinas. Y por esto los depósitos son técnicamente necesarios, así como en la industria la mecanización promueve la concentración de la administración y de los medios de producción. Pero los ejércitos burocráticos del pasado, aprovisionados y equipados por el soberano, aparecieron cuando la evolución social y económica disminuyó absoluta o relativamente la cantidad de ciudadanos económicamente capaces de equiparse, de manera que su número ya no fue bastante para armar los ejércitos necesarios; únicamente la estructura del ejército burocrático posibilitó la expansión de los ejércitos profesionales siempre en armas, necesarios para la permanente pacificación de posibles conflictos internos; así como para luchar contra enemigos distantes, sobre todo enemigos de ultramar. La disciplina militar y la práctica técnica sólo pueden evolucionar normalmente y con plenitud, por lo menos en su alto grado actual, en el ejército burocrático.

Históricamente, y por doquiera, la burocratización del ejército se ha producido paralelamente a la transferencia del servicio militar de los poseedores a los desposeídos. Hasta que se realizó esa transferencia, el servicio militar era un privilegio honorífico de los propietarios. La obligación del servicio también ha sido transferida a extranjeros, como en los ejércitos mercenarios de siempre. De manera característica, este proceso ocurre a la par que el acrecentamiento general de la cultura material e intelectual. También ha influido en todas partes el motivo siguiente: la progresiva densidad de la población y, con ella, la potencia y esfuerzo del trabajo económico, determinados por una progresiva "indispensabilidad" de los estratos adquisitivos con fines bélicos. Dejando a un lado las épocas de gran fervor ideológico, en general las capas poseedoras de cultura sofisticada, y sobre todo urbana, están poco adaptadas y también poco inclinadas a los rudos trabajos bélicos del soldado raso. En igualdad de circunstancias, las capas de propietarios rurales, al menos en general, se sienten más inclinadas a transformarse en oficiales profesionales. Esta diversidad entre los propietarios urbanos y los rurales sólo disminuye cuando la inminente posibilidad de una guerra mecanizada exige que los dirigentes estén capacitados como "técnicos". A semejanza de cualquier otro negocio, la burocratización de la guerra organizada puede realizarse en la forma de empresa capitalista privada. De hecho, y sobre todo en Occidente hasta fines del siglo XVII, la provisión de ejércitos y su administración por capitalistas privados fue la regla en los ejércitos mercenarios. En Brandenburgo, en el transcurso de la guerra de los Treinta Años, el soldado todavía era primordialmente propietario del conjunto material de su actividad. Era propietario de sus armas, caballos y vestimenta, si bien el Estado lo abastecía en cierta medida, en su función de comerciante del "sistema productor", se podría decir. Luego, en el ejército permanente de Prusia, el jefe de la compañía tenía en propiedad los medios materiales de guerra; la monopolización de los medios de guerra en manos del Estado sólo se produjo de manera definitiva a partir de la paz de Tilsit. Los uniformes, en general, sólo se introdujeron con esa monopolización. Anteriormente, la adopción de uniformes había estado a cargo del arbitrio del oficial del regimiento, excepto cuando se trataba de categorías especiales de tropas a las que el rey había "concedido" determinados uniformes, primero a la real guardia de corps, en 1620; luego, frecuentemente, bajo el reinado de Federico II.

Expresiones tales como "regimiento" y "batallón" tenían, en general, en el siglo XVIII, un significado bastante diferente del actual: únicamente el batallón era una unidad táctica (hoy en día ambos lo son); el "regimiento", en cambio, era una unidad administrativa de una estructura económica determinada por la situación de "empresario" que tenía el coronel. Las empresas marítimas "oficiales" (por ejemplo, las *manoae* genovesas) y la provisión del ejército están entre las primeras grandes empresas de índole burocrática del capitalismo privado. En este sentido, la "nacionalización" de estas empresas por el Estado es comparable modernamente a la nacionalización de los ferrocarriles, controlados por el Estado desde sus comienzos.

Análogamente al proceso de las organizaciones militares, la burocratización de la administración también implica la concentración de los medios organizativos en otras esferas. La vieja administración mediante sátrapas y regentes, y la administración a través de concesionarios, compradores de cargos, y, sobre todo, la administración por medio de vasallos feudales, descentralizan los medios materiales de administración. Los gastos provinciales locales, y el mantenimiento del ejército y de los funcionarios subalternos, se pagan normalmente por adelantado por medio de los ingresos locales y sólo el excedente llega al tesoro central. La administración del funcionario enfeudado es costeada por su propio bolsillo. El Estado burocrático, en cambio, hace entrar en el presupuesto todos sus gastos administrativos, y proporciona a las autoridades inferiores los medios de pago ordinarios, cuya utilización es reglada y controlada por aquél. Esto presenta el mismo sentido para la "economía" de la administración como para la gran empresa capitalista centralizada.

En lo que concierne a la investigación e instrucción científicas, la burocratización de los institutos de investigación, siempre existentes en las universidades, está en función del progresivo requerimiento de medios materiales de administración. Mediante la concentración de estos medios en manos del privilegiado director del instituto, la masa de investigadores y docentes se encuentra separada de sus "medios de producción", así como los obreros han quedado separados de los suyos en la empresa capitalista.

A pesar de su segura superioridad técnica, la burocracia

ha sido por doquiera un hecho relativamente tardío. Esto se ha debido a un conjunto de obstáculos que sólo han desaparecido totalmente bajo determinadas condiciones políticas y sociales.

9. LA NIVELACIÓN DE LAS DIFERENCIAS SOCIALES

La estructura burocrática ha llegado al poder, en general, en virtud de una nivelación de diferencias económicas y sociales. Esta nivelación ha sido por lo menos relativa y ha influido en la importancia de las diferencias económicas y sociales para el reparto de funciones administrativas.

A diferencia del autogobierno democrático de las pequeñas unidades homogéneas, la burocracia va unida necesariamente a la moderna *democracia de masas*. Esto resulta del principio definitorio de la burocracia: la regulación abstracta de la práctica de la autoridad, la cual procede del requerimiento de "igualdad ante la ley", y, por consiguiente, del repudio de los "privilegios" y del tratamiento de los asuntos "caso por caso". Esta regularidad también proviene de las precondiciones sociales del surgimiento de las burocracias. La administración no burocrática de toda formación social extensa se funda, de un modo u otro, en el hecho de que las tareas y deberes administrativos están vinculados con privilegios y rangos sociales, materiales u honoríficos, ya existentes. Esto implica, en general, un vínculo del "derecho" a funciones administrativas con una explotación económica directa o indirecta, o una explotación "social" del "prestigio" que el tipo de autoridad administrativa concede a sus depositarios.

Por consiguiente, la burocratización y la democratización en el seno de la administración estatal acrecientan los gastos en efectivo del erario público. Y esto ocurre a pesar de que la administración burocrática tiene en general un carácter más "económico" que otros tipos de administración. Hasta hace poco, el modo más barato de satisfacer la necesidad de una administración –por lo menos desde la perspectiva del erario– era confiar casi toda la administración local y la magistratura inferior a los terratenientes de la Prusia oriental. Lo mismo ocurre en la administración de los *sheriffs* en Inglaterra. La democracia de masas barre los privilegios feudales, patrimoniales y plutocráticos de la administración –esto último por lo menos en el propósito. Reemplaza necesariamente la administración como entretenimiento, históricamente heredada y desempeñada por notables, por una tarea profesional remunerada.

Esto no sólo se aplica a las estructuras estatales. En efecto, no es casual que los partidos democráticos de masas hayan liquidado, en sus propias organizaciones, el tradicional predominio de los notables, fundado en relaciones personales y en la estima individual. Claro está que con frecuencia aún subsisten esos rezagos de "personalismo" en los antiguos partidos conservadores y también en los liberales. Los partidos democráticos de masas están organizados burocráticamente bajo el control de los funcionarios partidarios, secretarios rentados de los partidos y sindicatos, etc. En Alemania, por ejemplo, esto se ha producido en el Partido Socialdemócrata y en el movimiento agrario de masas; y, en Inglaterra, por primera vez, en la particular democracia de las juntas de Gladstone-Chamberlain, organizada primeramente en Birmingham y en curso de expansión desde 1870. En los Estados Unidos, los dos partidos han desarrollado su burocratización a partir de la administración de Jackson. En Francia, sin embargo, los intentos de organizar partidos políticos disciplinados en virtud de un sistema electoral que requiriere una estructura burocrática se frustraron repetidamente. Resultó imposible vencer la resistencia de los grupos locales de notables contra la burocratización de los partidos, necesaria a la larga, la cual cubriría todo el país, y dislocaría su influencia Todo refinamiento en las técnicas electorales, por ejemplo el sistema de elecciones proporcionales, que efectúa cálculos con cifras, requiere una estricta organización burocrática interlocal de los partidos y, en consecuencia, una progresiva prevalencia de la burocracia y de la disciplina en el seno del partido, y, a la vez, la desaparición de los grupos locales de notables –esto se aplica por lo menos a los grandes Estados.

El avance de la burocratización en la propia administración estatal es un fenómeno que acompaña, a la democracia, como es manifiesto en Francia, Norteamérica y, ahora, en Inglaterra. Hay que tener en cuenta, por otra parte, la ambigüedad del término "democratización". El demos mismo, como masa inarticulada, no gobierna nunca las estructuras superiores; al contrario, es gobernado, y su existencia sólo altera el modo de selección de los dirigentes ejecutivos y el tipo de influencia que puede ejercer el *demos*, o mejor todavía, grupos sociales integrados de éste, sobre el contenido y el manejo de las actividades administrativas, configurando lo que se denomina "opinión pública". La "democratización" no implica una participación creciente y activa en la autoridad de la formación social. Esto puede ser una consecuencia de la democratización, pero no un resultado necesario.

En este punto, recordemos formalmente que el concepto político de democracia, en base a la "igualdad de derechos" para los gobernados, abarca los siguientes postulados: 1) prevención de la formación de un grupo cerrado de status de funcionarios en favor de una admisibilidad universal de los cargos, y 2) minimización de la autoridad del cuerpo de funcionarios en favor de un avance de la influencia de la "opinión pública", tanto cuanto sea posible. Por consiguiente, la democracia política trata de acortar el período de servicios por medio de elecciones y en base a no requerir del candidato una pericia especial. De este modo la democracia se pone inevitablemente en conflicto con las tendencias burocráticas generadas en la lucha contra el gobierno de los notables. Lo más decisivo en la democratización es la *equiparación de los gobernados* ante el grupo gobernante, burocráticamente estructurado, el cual, por su parte, puede desempeñar un papel bastante autocrático, tanto formalmente como de hecho.

En Rusia, la disolución de la jerarquía de la antigua nobleza terrateniente por medio de la regulación del orden jerárquico, y la contaminación de la antigua nobleza por una nobleza de cargo, fueron fenómenos pasajeros, propios del desarrollo de la burocracia. En China, la calificación del rango y la aptitud para un cargo público según la cantidad de exámenes superados tuvo un significado análogo. En Francia, la Revolución, y más aún el bonapartismo, dieron pleno poder a la burocracia. En la Iglesia católica primero se eliminaron los poderes feudales, y luego todos los poderes locales independientes. Esta acción fue iniciada por Gregorio VII y prosiguió a través del Concilio de Trento y el Concilio Vaticano, y se completó con los edictos de Pío X. La transformación de estas jerarquías locales en simples funcionarios de la autoridad central fue vinculada con el continuo aumento de la importancia de hecho de los capellanes, formalmente bastante dependientes; un proceso que se desarrolló sobre todo en base a la organización del catolicismo en partidos políticos. Por consiguiente, este desarrollo implicó un avance de la burocratización y, a la vez, de la "democratización pasiva", o sea, la equiparación de los gobernados. El reemplazo del ejército de notables autoequipado por el ejército burocrático es, por doquiera, un proceso de democratización "pasiva", en la medida en que lo es toda instauración de una monarquía militar absoluta en vez de un Estado feudal o una república de notables. En el Principado romano la burocratización de la administración provincial en la esfera de la recaudación de impuestos, por ejemplo, fue paralela con la eliminación de la plutocracia de una clase capitalista que había sido omnipotente bajo la República. De este modo se eliminó, por último, el propio capitalismo antiguo.

Es obvio que en estos procesos de "democratización" casi siempre intervienen factores económicos de algún tipo. A menudo advertimos la influencia económica de la aparición de nuevas clases, ya sea que tengan carácter plutocrático, pequeñoburgués o proletario. Estas clases pueden apelar a la ayuda de un poder político, o pueden crearlo o recrearlo, aparte de que ese poder sea legítimo o cesarista. Lo hacen, por lo general, para lograr ventajas económicas o sociales, mediante la ayuda política. Por otra parte, hay casos, igualmente posibles e históricamente fundamentados, en los que la iniciativa fue tomada "desde arriba" y tuvo un sentido puramente político, y utilizó razones políticas, sobre todo respecto de asuntos exteriores. Este tipo de gobierno se limitó a explotar los conflictos económicos y sociales, así como intereses clasistas, como recurso para realizar su propia finalidad de adquirir poder político. Para este objetivo, la autoridad política ha perturbado el equilibrio siempre inestable de las clases enfrentadas y ha puesto al descubierto sus antagonismos latentes. En la práctica no es posible determinar una norma general para el caso.

El proceso de las influencias económicas y el de las influencias políticas es muy variable. El pasaje hacia el tipo de combate disciplinado gracias a los hoplitas, en la Grecia antigua, y la progresiva importancia de la marina, en Atenas, constituyeron la base para la adquisición de poder político por parte de los grupos que sostenían el aparato militar. En Roma, en cambio, el mismo fenómeno sólo afectó circunstancialmente el poder de la nobleza de oficio, Si bien por doquiera el moderno ejército de masas ha sido un medio para destruir el poderío de los notables, esto por sí solo no ha determinado una democratización activa, sino más bien una democratización pasiva. A esto ha contribuido, sin embargo, el hecho de que el antiguo ejército de ciudadanos tenía por base económica el autoequipamiento, mientras que el ejército moderno está basado en la satisfacción burocrática de los requisitos.

El predominio de la estructura burocrática se basa en su superioridad "técnica". Aquí, como en general en toda la técnica, este hecho tiene la siguiente consecuencia: el avance burocrático ha sido más lento cuando las formas estructurales más antiguas tenían un buen desarrollo técnico y se adaptaban funcionalmente a las necesidades del momento. Así ocurrió con la administración inglesa de notables y por esto Inglaterra fue el país de burocratización más lenta. El mismo fenómeno general ocurre cuando sistemas muy desarrollados de alumbrado de gas o de ferrocarriles de vapor con un gran capital fijo ofrecen mayores dificultades para la electrificación que las regiones enteramente vírgenes abiertas a la misma.

10. CARÁCTER PERMANENTE DEL APARATO BUROCRÁTICO

Una vez instaurada en su plenitud, la burocracia constituye una de las estructuras sociales más difíciles de destruir. La burocracia es el medio de transformar la "acción comunitaria" en una "acción societal" organizada racionalmente. Por esto, la burocracia, como instrumento de "societalización" de las relaciones de poder, ha sido y es un instrumento de poder de gran importancia para quien controle el aparato burocrático.

En igualdad de condiciones, una "acción societal", dirigida y organizarla con método, prevalece sobre toda resistencia de una "acción de masas" o incluso "comunal". Y con la total burocratización de la administración, queda establecida una forma de poder prácticamente inamovible.

El burócrata individual no puede zafarse del aparato al que está unido. A diferencia del "notable" honorífico o voluntario, el burócrata profesional está encadenado a su actividad a través de toda su existencia material y espiritual. Por lo general, es un simple engranaje de un mecanismo siempre en marcha que le ordena ir en un sentido esencialmente fijo. El funcionario debe realizar tareas especializadas y, normalmente, no puede hacer arrancar ni detener el mecanismo, el cual sólo es manejado desde arriba. De esta manera, el burócrata individual está ligado al conjunto de todos los funcionarios integrados en el mecanismo. El interés de éstos radica en que el mecanismo siga funcionando y se mantenga la autoridad ejercida "societariamente".

Los gobernados, por su parte, no pueden prescindir del aparato burocrático de autoridad, o reemplazarlo, cuando ya existe, puesto que esta burocracia se funda en una preparación especializada, una división funcional del trabajo, y una constelación de actitudes metódicamente integradas. Si el funcionario deja de trabajar, o si su trabajo sufre una interrupción forzosa, sobreviene el caos y es difícil encontrar entre los gobernados reemplazantes que sean capaces de controlarlo. Esto vale tanto de la administración pública como de la administración económica privada. La suerte material de las masas depende cada vez más de la marcha regular y correcta de las estructuras cada vez más burocráticas del capitalismo privado. Y esto hace que cada vez resulte más utópico el intento de eliminarlas.

En las organizaciones públicas y en las privadas, la disciplina del cuerpo de funcionarios tiene como término de comparación la constelación de actitudes del funcionario respecto de una obediencia rigurosa dentro de su actividad habitual. Esta disciplina deviene cada vez más el fundamento de todo orden, por grande que sea la significación práctica de la administración basada en los documentos archivados. La ingenua pretensión del bakuninismo de anular la base de los "derechos adquiridos" y de la "dominación" por medio de la destrucción de los documentos públicos, no toma en cuenta la firme tendencia del hombre a mantener las normas y ordenamientos habituales, los cuales siguen vigentes independientemente de los documentos. Toda reorganización de tropas vencidas o dispersas, así como la reorganización del aparato administrativo desquiciado por rebeliones, pánico u otras conmociones, se efectúan apelando a la tendencia condicionada a aceptar obedientemente las órdenes superiores.

La necesidad objetiva del aparato ya existente, con su especial carácter "impersonal", implica que –contrariamente a lo que sucede en el caso de órdenes feudales basadas en la lealtad personal– no sea difícil hacer funcionar ese mecanismo al servicio de cualquiera capaz de llegar a controlarlo. Un conjunto racionalmente organizado de funcionarios sigue funcionado regularmente después de la ocupación del terreno por el enemigo; éste sólo tiene que cambiar a quienes ocupan cargos superiores.

Durante sus largos años de permanencia en el poder, Bismarck eliminó a todos los estadistas independientes y sometió a sus colegas ministeriales a una estricta obediencia burocrática. Al dejar su puesto, comprobó con asombro que sus colegas seguían administrando sus oficinas, impasibles y sin desfallecer, como si él no hubiese sido el cerebro maestro y el creador de esas criaturas, sino más bien como si un simple individuo hubiese sido reemplazado por otro en el aparato burocrático. En Francia, a pesar de todos los cambios de amo desde el Primer Imperio, el aparato de poder ha seguido siendo fundamentalmente el mismo. Estos aparatos vuelven cada vez más imposible, desde un punto de vista técnico, la llamada "revolución", como creación forzada de formas de poder totalmente nuevas, sobre todo cuando el aparato tiene bajo control los modernos medios de comunicación, y su estructura está "racionalmente" organizada. Francia es un ejemplo clásico del reemplazo de las "revoluciones" por *coups d'Etat* [golpes de Estado]; todos los cambios exitosos en Francia no son más que *coups d'Etat*.

11. CONSECUENCIAS ECONÓMICAS Y SOCIALES DE LA BUROCRACIA

La organización burocrática de una formación social, y especialmente de una estructura política, puede tener profundas consecuencias económicas, y con frecuencia las tiene. ¿Qué clase de consecuencias? Esto depende, en cada caso individual, del reparto de poder económico y social, y sobre todo del terreno ocupado por el aparato burocrático en desarrollo. Por consiguiente, las consecuencias de la burocracia dependen del sentido que den al aparato los poderes que lo usan. Y, muy a menudo, el resultado ha sido un reparto cripto-plutocrático del poder.

En Inglaterra, y sobre todo en los Estados Unidos, detrás de las estructuras burocráticas de los partidos habitualmente se encuentran los mecenas del partido. Éstos financian dichos partidos e influyen en éstos. En la época moderna, la burocratización y la nivelación social en el interior de las organizaciones políticas, y sobre todo en el interior de las organizaciones estatales, en relación con la eliminación de las prerrogativas feudales, ha favorecido muy a menudo los intereses del capitalismo. Con frecuencia, la burocratización se ha realizado en franca alianza con intereses capitalistas; la gran alianza histórica del monarca absoluto con los intereses capitalistas, por ejemplo. Por lo general un equiparamiento legalista y la eliminación de grupos locales sólidamente establecidos, manejados por notables, han ido a la par de una expansión de la actividad capitalista. Sin embargo, como consecuencia de la burocratización, cabe esperar la práctica de que una política adaptada al interés pequeñoburgués por una "subsistencia" tradicional asegurada, o incluso una política estatal socialista que restrinja las oportunidades de beneficio privado. Esto se ha producido en varios casos de gran significación histórica, sobre todo en la antigüedad.

Los efectos muy diversos de formaciones políticas bastante semejantes, por lo menos en principio –en el Egipto faraónico y en las épocas helénica y romana–, muestran la amplia diversidad posible en la trascendencia económica de la burocratización, según la influencia de otros factores. El simple hecho de la organización burocrática no determina nítidamente la orientación concreta que seguirán sus consecuencias económicas, siempre vigentes de una manera u otra. Por lo menos, no influye sobre éstas de modo análogo a su efecto relativamente igualitario en el terreno social. En este sentido, hay que insistir en que la burocracia, como tal, es un instrumento de precisión que está al servicio de intereses de dominación bastante diversificados –exclusivamente políticos, así como puramente económicos, o de otro tipo, Por esto, conviene no exagerar la extensión de su paralelismo con una democratización, por característico que éste pueda ser, En determinadas condiciones, grupos de señores feudales también se han servido de la burocracia. También existe la posibilidad –y

a menudo ésta se ha realizado: por ejemplo, en el Principado romano y en diversas estructuras estatales absolutis-
tas– de que una burocratización de la administración esté
deliberadamente relacionada con *dominios* o esté mezcla-
da con éstos en virtud de la fuerza de los estratos de poder
social existentes. A menudo ciertos cargos se reservan
deliberadamente para determinados grupos de status. La
democratización de la sociedad en su conjunto, y en el significado *moderno* del término, ya sea efectiva o quizá sólo
formal, es una base peculiarmente favorable para la burocratización, aunque no es la única posible. En última instancia, la burocracia sólo intenta doblegar los poderes que
se le resisten en los ámbitos que desea ocupar. Hay que
tener presente este hecho, que ya hemos visto varias veces,
y que debemos discutir reiteradamente: que la "democracia" tal como se opone al "poder" de la burocracia, a pesar
(y tal vez a causa) de su inevitable pero impremeditado
estímulo a la burocratización. En determinadas condiciones, la democracia promueve ostensibles rupturas y trabas
en el seno de la organización burocrática. Por esto, hay que
considerar la orientación particular tomada por la burocratización en cada caso histórico singular.

12. EL PODER DE LA BUROCRACIA

Por doquiera, el Estado moderno está sometido a la burocratización. Pero aquí hay que dejar planteado el problema de si el *poder* de la burocracia dentro de la estructura política experimenta un crecimiento universal. El hecho de que la burocracia sea, técnicamente, el medio de poder más efectivo al servicio del hombre que lo controla, no determina la gravitación que la burocracia como tal puede tener dentro de una formación social específica. La progresiva "indispensabilidad" del cuerpo de funcionarios, que comprende millones, no es más decisiva en este contexto de lo que lo es la opinión de algunos expositores del proletariado sobre la indispensabilidad económica del movimiento obrero para una apreciación de capacidad de poder social y político. Si la "indispensabilidad" poseyera un carácter decisivo, los esclavos "indispensables" deberían haber ocupado puestos de poder cuando regía el trabajo esclavizado, ya que eran al menos tan indispensables como lo son hoy en día los funcionarios y proletarios. No se puede inferir a priori de estos motivos si el poder de la burocracia como tal va creciendo. La intervención de grupos de intereses económicos no oficiales, o la intervención de representantes no capacitados, la difusión de organizaciones locales, interlocales, o representativas de cualquier otro tipo, o de asociaciones vecinales, todos estos factores se oponen, aparentemente, a la burocratización.

Aquí tenemos que dejar para otro lugar y no incluir en esta discusión puramente formal y tipológica el examen de en qué medida esa apariencia corresponde a la realidad. En términos generales, sólo podemos afirmar lo siguiente: En condiciones normales, el poder de una burocracia en plena expansión siempre resulta impresionante. El "patrón político" que se enfrenta con el funcionario, adiestrado, incorporado a la dirección administrativa e investido con la jerarquía formal de un interlocutor válido, está en la situación del "aficionado" frente al "experto". Esto se aplica tanto si el "patrón" al que sirve la burocracia es un "pueblo", provisto con los recursos de la "iniciativa legislativa", el "plebiscito" y el derecho a remover funcionarios, o un parlamento, elegido sobre una base más "oligárquica" o más "democrática". Se aplica tanto si el "patrón" es un cuerpo aristocrático colegiado, basado, legalmente o de hecho, en una cooptación, o si se trata de un presidente elegido masivamente, o de un monarca hereditario y "absoluto" o "constitucional".

Toda burocracia intenta acrecentar la superioridad de los profesionalmente informados conservando en secreto sus conocimientos y propósitos. La administración burocrática siempre propende a ser una administración de "sesiones secretas"; tanto como sea posible, hurtan a toda crítica sus conocimientos y sus actividades. Los funcionarios del tesoro del Shah de Persia han transformado su técnica presupuestaria en una doctrina secreta, e incluso utilizan una escritura secreta. Por regla general, las estadísticas oficiales de Prusia sólo muestran al público, y a la supuesta "opinión pública", lo que no puede perjudicar los propósitos de la burocracia que posee el poder. En determinados sectores administrativos, la calculada pasión por el secreto deriva de su naturaleza material: hay sigilo siempre que están implicados los intereses de poder de la estructura dominante respecto al *exterior*, ya sea el competidor económico de una empresa privada (la "contra"), o una sociedad política extranjera, potencialmente hostil. Para que el secreto esté bien guardado, el control público de la administración diplomática debe ser muy limitado. La administración debe, necesariamente, enfatizar el secreto de sus medidas más importantes; y esto se hace más imperioso a medida que prevalecen los aspectos puramente técnicos. Los partidos políticos proceden del mismo modo, a pesar de toda la aparatosa publicidad de los congresos y las convenciones. Este "secreteo" irá predominando a medida que se acreciente la burocratización de las organizaciones partidarias. En Alemania, por ejemplo, la política comercial exige que se oculten las auténticas estadísticas de producción. Toda actitud combativa de una formación social respecto del exterior sirve para consolidar y acrecentar la posición del grupo en el poder.

El nítido interés de la burocracia por el poder, sin embargo, va mucho más allá de aquellas áreas en que intereses puramente funcionales requieren el sigilo. La idea de "secreto oficial" es un invento específicamente burocrático, y la burocracia defiende fanáticamente ese sigilo, el cual sólo puede justificarse esencialmente en ámbitos específicamente precisos. Al enfrentarse con el parlamento, la burocracia, impelida por su certero instinto de poder, rechaza toda tentativa del parlamento, o de grupos de intereses, dirigida a lograr información a través de sus propios expertos. El denominado derecho de investigación parlamentaria es uno de los medios utilizados por el parlamento para disponer de dicha información. La burocracia, desde luego, prefiere un parlamento mal informado y en consecuencia impotente, al menos en la medida en que la burocracia hace coincidir sus intereses de poder con la ignorancia de los demás.

El monarca absoluto está impotente frente al mayor conocimiento del perito burocrático –hasta cierto punto– incluso más impotente que cualquier otro jefe político. Los impertinentes decretos de Federico el Grande respecto de la "abolición de la servidumbre" fueron desviados, por así decirlo, de su trámite ejecutivo en virtud de que el aparato oficial sencillamente los ignoró como ideas circunstanciales de un aficionado. Frecuentemente un monarca constitucional representativo de un sector social importante de gobernados ejerce mayor influencia sobre los trámites administrativos que un monarca absoluto. El monarca constitucional puede ejercer un control más eficaz sobre esos peritos a raíz de la índole más o menos pública de la crítica, mientras que el monarca absoluto depende sólo de la burocracia para obtener información. El zar ruso del antiguo régimen raramente conseguía realizar de un modo permanente lo que no fuera del agrado de la burocracia y comprometiera sus intereses de poder. Sus reparticiones ministeriales, puestas bajo su autoridad autocrática inmediata, representaban, como acertadamente lo observó Leroy-Beaulieu, un conglomerado de satrapías. Estas satrapías sostenían una lucha permanente y, sobre todo, se bombardeaban con voluminosos "memorándums" frente a los cuales el monarca, un diletante, estaba impotente.

La transición al gobierno constitucional provocó la necesaria concentración en una persona del poder de la burocracia central. El conjunto de funcionarios pasó a depender de un jefe monocrático, el primer ministro, por cuyas manos pasaba todo lo que luego llegaría al monarca. Esto sometió considerablemente al monarca a la tutela del jefe de la burocracia. Guillermo II, que luchó contra este principio en su conocido conflicto con Bismarck, pronto se vio obligado a desistir de su ataque. Cuando predominan los conocimientos expertos, la influencia efectiva del monarca sólo puede ser permanente sí mantiene una ininterrumpida comunicación con los jefes burocráticos; esta relación debe estar planificada sistemáticamente y dirigida por el jefe de la burocracia.

A la vez, el constitucionalismo vincula a la burocracia y al gobernante a una comunidad de intereses contra las ambiciones de poder de los organismos parlamentarios de los jefes de partido. Y el monarca constitucional, privado del apoyo del parlamento, está impotente frente a la burocracia. La deserción de los "grandes del Reich", los ministros prusianos y los funcionarios jerarquizados del Reich, en noviembre de 1918, dejó al monarca en una situación similar a la que existió en el Estado feudal en 1056. Esto es, empero, una excepción, pues generalmente la posición de poder de un monarca frente a los funcionarios burocráticos es mucho más sólida que la que se dio en cualquier Estado feudal o en el Estado patrimonial "estereotipado". Ello ocurre en virtud de la permanente presencia de aspirantes a la promoción con los que el monarca siempre puede reemplazar a los funcionarios no convenientes o independientes. En igualdad de circunstancias sólo los funcionarios económicamente independientes, es decir, funcionarios pertenecientes a sectores poseedores, pueden permitirse el riesgo de perder sus cargos. Actualmente, como en todas las épocas, la selección de funcionarios entre los sectores desposeídos acrecienta el poder de los gobernantes.

Sólo los conocimientos técnicos de los grupos de intereses económicos privados en la esfera de los "negocios'" superan a los conocimientos técnicos de la burocracia. Ello es así porque el conocimiento preciso de los hechos pertenecientes a su esfera es vital para la existencia económica de los negociantes. Las estadísticas oficiales incorrectas no perjudican directamente los intereses económicos de los funcionarios culpables, pero los cálculos erróneos de una empresa capitalista se pagan con pérdidas, quizá hasta con su existencia. Después de todo, el "secreto", como medio de poder, está mucho mejor custodiado en los libros de un empresario que en los archivos de las autoridades públicas. Este solo motiva explica la limitación de las autoridades cuando intentan influir sobre la vida económica en la era capitalista. Frecuentemente, en la esfera capitalista, las disposiciones estatales adoptan una dirección inesperada e inintencionada, o devienen meras quimeras en razón del conocimiento técnicamente superior de los grupos de intereses.

13. Fases del desarrollo de la burocracia

El conocimiento técnico del perito fue deviniendo cada vez más la base de la situación de poder del funcionario. Por consiguiente, el gobernante se vio obligado a descubrir una manera de utilizar el conocimiento especializado de los peritos sin perder por ello su posición dominante. Resulta típico que con la ampliación cualitativa de la gestión administrativa y, en consecuencia, con la indispensabilidad del conocimiento técnico, el monarca ya no se satisfaga con consultas ocasionales con confidentes personales de confianza, o con una asamblea de éstos convocada intermitentemente y en momentos difíciles. El monarca empieza a apelar a organismos *colegiados* que deliberan y deciden en sesión permanente. Los *Räte von Haus aus* son un fenómeno transitorio propio de este proceso.

La posición de estos cuerpos colegiados varía, naturalmente, en el caso de que se constituyan en suprema autoridad administrativa o estén cubiertos por una autoridad central y monárquica o diversas autoridades de este tipo. Por lo demás, su modo de actuar tiene gran influencia. Con el pleno desarrollo del tipo colegiado, los organismos reunidos con el monarca reinante, discuten los puntos importantes, desde todas las perspectivas, sobre la base de informes de los respectivos expertos y sus asistentes, y por medio de los votos justificados de los restantes miembros. La cuestión culmina entonces por medio de una resolución que será sancionada, o rechazada, por el monarca en un edicto. Este tipo de organismo colegiado es la forma característica en que el gobernante, convertido cada vez más en un "aficionado", explota el conocimiento técnico, a la vez que intenta reducir la importancia de éste y mantener su posición dominante frente a los peritos –hecho, este último, que a menudo pasa inadvertido. Controla a cada perito por medio de los demás y se sirve de ese enmarañado procedimiento para lograr una visión de conjunto, así como la seguridad de que nadie lo induce a tomar decisiones arbitrarias. Con frecuencia, el monarca logra su ascendiente sobre los peritos no asistiendo personalmente a las sesiones de los cuerpos colegiados, sino a través de memorándums escritos. Federico Guillermo I de Prusia ejerció una influencia grande y efectiva sobre la administración, pero casi nunca se hizo presente en las sesiones conjuntas de los ministros del gabinete; hacía conocer sus decisiones por escrito a través de comentarios marginales o edictos.

En caso de fracaso, el rencor de los estamentos burocráticos se concentra en el gabinete, así como la desconfianza de los gobernados se concentra en los burócratas. En Rusia, en Prusia y en otros Estados, el gabinete devino así una especie de ciudadela personal, en la cual el monarca se refugiaba, por decirlo así, del conocimiento técnico y de la "rutinización" impersonal y funcional de los burócratas.

El gobernante, además, trata de utilizar el principio colegiado para producir una suerte de síntesis de *peritos especializados* en una unidad colectiva. Por lo general, resulta imposible fijar hasta qué punto lo consigue. Sin embargo, el fenómeno como tal es común a formas de Estado muy diversas, desde el patrimonial y feudal al burocrático primitivo, y es particularmente propio del absolutismo principesco primitivo. El principio colegiado ha probado ser un poderoso medio educativo para hacer valer el "realismo" en la administración. También ha posibilitado la inclusión de particulares socialmente influyentes, y por consiguiente, ha permitido conciliar, en cierta medida, el prestigio de los notables y la práctica de los empresarios privados con la técnica especializada de los burócratas profesionales. Los cuerpos colegiados fueron uno de los primeros organismos que facilitaron la expansión del moderno concepto de "instituciones públicas" en el sentido de entidades duraderas e impersonales.

Mientras el conocimiento técnico de las gestiones administrativas fue un resultado exclusivo de una prolongada práctica empírica, y las normas administrativas no fueron ordenamientos sino factores de la tradición, el consejo de *ancianos* –integrado a menudo por sacerdotes, "estadistas veteranos", y notables– fue la conformación idónea para las autoridades colegiadas, las cuales, en su comienzo, se limitaban a asesorar a los gobernantes. Pero en la medida en que estos organismos tenían continuidad frente a gobernantes cambiantes, a menudo usurparon el poder del monarca. El Senado romano y el Consejo veneciano, y también el Areópago ateniense hasta su caída y reemplazo por el gobierno de los demagogos, procedieron de esa manera.

A pesar de una gran multiplicidad de conformaciones, los cuerpos colegiados, como tipo, se presentan sobre la base de la especialización racional de la posesión del conocimiento técnico. Por otra parte, hay que distinguirlos de los cuerpos de consejeros elegidos entre círculos privados *interesados*, que se encuentran a menudo en el Estado moderno y cuyo núcleo está constituido por funcionarios o ex funcionarios. Estos cuerpos colegiados también deben diferenciarse sociológicamente de los consejos de control que se hallan en las estructuras burocráticas de la economía privada moderna (corporaciones económicas). Hay que hacer esta diferenciación a pesar de que no es raro que estos organismos corporativos se integren con la incorporación de notables provenientes de círculos desinteresados, en virtud de su conocimiento técnico o para explotarlos para la representación y la publicidad. Por lo general, estos organismos no convocan expertos particulares sino más bien los representantes conspicuos de grupos preponderantes de intereses económicos, y estos hombres no realizan funciones meramente consultivas. Tienen por lo menos opinión regulada y, a menudo, desempeñan un papel realmente dominante. Se los puede comparar, con cierta distorsión, con los consejos de los grandes tenedores independientes de feudos y cargos, y otras agrupaciones de intereses de poderío social de las comunidades políticas patrimoniales o feudales. No obstante, en ocasiones han sido precursores de los "consejeros" surgidos en virtud de un incremento en la intensidad de la administración.

Con bastante regularidad, el principio burocrático colegiado ha pasado de la autoridad central a las autoridades inferiores más diversas. En unidades localmente cerradas, y particularmente en las urbanas, la administración colegiada es la forma primitiva del gobierno de notables, como ya lo hemos señalado. En un principio funcionan mediante "consejeros" elegidos, luego, en general, o por lo menos parcialmente, mediante "consejeros" por votación, organismos colegiados de "magistrados", *decuriones* y "jurados". Estos organismos son un factor normal del "gobierno autónomo" organizado, es decir, del manejo de las gestiones administrativas por grupos de intereses locales controlados por la burocracia estatal. Los ejemplos ya mencionados del Consejo veneciano y del Senado romano son cesiones del gobierno de notables a los grandes imperios de ultramar. Por regla general, estos gobiernos de notables se arraigan en asociaciones políticas locales. La administración colegiada pierde vigencia en el Estado burocrático en la medida en que la expansión de los medios de comunicación y los crecientes requisitos técnicos administrativos exigen decisiones urgentes y rigurosas, y en la medida en que prevalecen las razones imperiosas de una burocratización en desarrollo. La administración colegiada pierde vigencia cuando, desde la perspectiva de los intereses del gobernante, un manejo administrativo precisamente unificado se vuelve más importante que una perfección en el planteo de las decisiones administrativas. Este caso aparece en cuanto empiezan a vigorizarse las instituciones parlamentarias y, en general al mismo tiempo, se acrecienta la crítica externa y la publicidad. Bajo este moderno condicionamiento, el sistema altamente racionalizado de delegados departamentales y prefectos, como el de Francia, brinda oportunidades de importancia para descalificar las antiguas formas. Es posible que el sistema se integre con el agregado de grupos de intereses, provenientes de los estamentos económica y socialmente más influyentes, como cuerpos consultivos.

Este reciente desarrollo tiende sobre todo a subordinar la experiencia concreta de los grupos de intereses a una administración racional por parte de funcionarios con una preparación experta. Se sabe que Bismarck trató de hacer efectivo el plan de un "consejo económico nacional" como instrumento de poder contra el parlamento. Bismarck, que nunca hubiese otorgado al Reichstag el derecho de investigación en el sentido del Parlamento británico, criticó a la mayoría, que no accedió a su propuesta, diciendo que ésta trataba de proteger a los funcionarios de un "exceso de prudencia" en favor del poder parlamentario.

Sólo la burocratización del Estado, y de la ley en general, brinda una posibilidad determinada de diferenciar drástica y conceptualmente un orden legal "objetivo" de los "derechos subjetivos" del individuo garantizados por aquél: separar el derecho "público" del derecho "privado". El derecho público regla las interrelaciones de la autoridad pública y sus relaciones con los "gobernados"; el derecho privado regula las relaciones mutuas de los gobernados. Esta separación conceptual implica la separación conceptual del "Estado", como depositario abstracto de derechos soberanos y productor de "normas legales", de toda "autoridad" personal de los particulares. Estas figuras conceptuales están muy apartadas del carácter de las estructuras autoritarias preburocráticas, y particularmente de la patrimonial y feudal. Esta diferenciación conceptual de lo público y lo privado fue concebida y puesta en práctica por primera vez en las agrupaciones urbanas: en efecto, cuando los poseedores de los cargos se establecieron por medio de *elecciones* periódicas, el depositario de poder individual, hasta en el cargo más elevado, ya no se identificó, obviamente, con el hombre que poseía autoridad por "derecho propio". Y así, la despersonalización más completa posible de la dirección administrativa por parte de la burocracia y la codificación racional del derecho efectivizaron, en principio, la separación entre lo público y lo privado.

14. LA "RACIONALIZACIÓN" DE LA EDUCACIÓN Y DE LA INSTRUCCIÓN

Aquí no nos es posible un análisis de los amplios efectos culturales determinados por el desarrollo de la dominación burocrática racional, como tal, independientemente de los ámbitos en que se asienta. Por cierto, la burocracia propicia un modo de vida "racionalista", pero el concepto de racionalismo tiene denotaciones y connotaciones muy diversas. De un modo muy general, sólo es posible afirmar que la dominación burocrática promueve el desarrollo de un "realismo racional" y del tipo de personalidad del perito profesional. Esto tiene vastas repercusiones, pero aquí sólo nos es posible ocuparnos de un factor importante de la cuestión: su influencia sobre la índole de la instrucción y de la educación.

Las instituciones educativas del continente europeo, particularmente las instituciones de enseñanza superior –las universidades y los establecimientos técnicos, escuelas empresariales, escuelas superiores, y otros centros de grado terciario y medio– se encuentran dominadas e influidas por la exigencia del tipo de "educación" que determina un sistema de exámenes especiales y por la pericia cada vez más necesaria para la burocracia moderna.

El "examen especial", en el actual sentido, también existió, y existe, fuera de las estructuras burocráticas específicas; así, hoy en día, tiene lugar en las profesiones "liberales" de la medicina y el derecho y en los oficios gremialmente constituidos. Los exámenes de pericia no son fenómenos indispensables de la burocratización. Durante bastante tiempo, las burocracias francesa, inglesa y norteamericana han obviado estos exámenes en su totalidad o en gran parte, puesto que han sido reemplazados por la instrucción y servicio en las estructuras partidarias.

La "democracia" también toma una actitud ambivalente frente a los exámenes especializados, al igual que frente a todos los fenómenos burocráticos, a pesar de que la democracia misma propicia estos fenómenos. Por una parte, los exámenes especiales implican, o parecen implicar, una "selección" de los individuos calificados provenientes de todos los estamentos sociales en vez de un gobierno de notables. Por otra parte, la democracia se resiste a que un sistema de mérito y certificados educativos cree una "casta" privilegiada. Por consiguiente, la democracia lucha contra el sistema de exámenes especiales.

El examen especial ya se encuentra en épocas preburocráticas o semiburocráticas. De hecho, la frecuencia más regular e intensa de exámenes especiales se ubica en las comunidades organizadas prebendariamente. La expectativa de conseguir prebendas, primero prebendas eclesiásticas –como en el Oriente islámico y en la Edad Media occidental–, después, como en China, prebendas seculares, es la recompensa característica que lleva a la gente a estudiar y a examinarse. No obstante, en verdad, estos exámenes sólo tienen un carácter parcialmente técnico y perito.

La plena burocratización moderna enfatiza necesariamente el sistema de exámenes racionales, técnicos y especializados. La reforma del servicio civil va impulsando en los Estados Unidos una instrucción técnica y exámenes especializados. La progresiva burocratización administrativa incrementa la significación de los exámenes especializados en Inglaterra. En China, la tentativa de reemplazar la vieja burocracia semipatrimonial por una burocracia moderna introdujo el examen experto. La burocratización del capitalismo, con su exigencia de técnicos, empleados, etc., con una educación experta, introdujo estos exámenes en el mundo entero. Esta expansión recibe un impulso suplementario a causa del prestigio social de los diplomas educativos logrados por medio de esos exámenes especializados. Esto se intensifica en la medida en que el diploma educativo se canjea por ventajas económicas. Hoy en día, el diploma educativo se está transformando en lo que la prueba de legitimidad fue en el pasado, al menos en donde el poder fue de la nobleza: un requisito previo para la igualdad de estirpe, una calificación para la sinecura y para los cargos estatales.

La expansión del diploma universitario, de colegios comerciales y de ingeniería, y el reclamo universal en favor de la creación de certificados de estudios en todos los terrenos propician la constitución de un estrato privilegiado en reparticiones y oficinas. Estos certificados sustentan las pretensiones de sus titulares a contraer matrimonio en el seno de familias notables (en las oficinas comerciales obviamente se espera conseguir una opción preferencial respecto de la hija del jefe), pretensiones de ser recibido en círculos donde se cultivan "códigos de honor", pretensiones de un sueldo "respetable" en vez de un sueldo por el trabajo realizado, pretensiones de promoción efectiva y seguridad para la vejez, y, sobre todo, pretensiones de acaparamiento respecto de las posiciones social y económicamente ventajosas. Cuando se oye reclamar en todas partes por la introducción de *curricula* regulares y exámenes especiales, claro está que el motivo no es un "ansia de educación" bruscamente estimulada, sino el deseo de restringir la oferta para esas posiciones y su acaparamiento por parte de los titulares de certificados educativos. Hoy en día, el "examen" es el medio universal de ese acaparamiento y, por esto, los exámenes se expanden irresistiblemente. Como la educación exigida para la adquisición del certificado educativo requiere bastantes gastos y un tiempo de espera antes de lograr plena remuneración, este esfuerzo implica una desviación del talento (carisma) en favor de la propiedad. En efecto, el gasto "intelectual" de los certificados de estudios siempre es "reducido", y este gasto no crece al ir aumentando la cantidad de esos certificados, sino que más bien propende a disminuir.

La exigencia de un estilo de vida caballeresco de la vieja calificación para el logro de un feudo, en Alemania, ha sido reemplazada por el requisito de participar en su actual forma rudimentaria, tal como la representan los cuerpos de duelistas en las universidades, los cuales también reparten los certificados de estudios. En los países anglosajones, las asociaciones atléticas y sociales realizan una función análoga. Por otra parte, la burocracia, por doquiera, intenta establecer un "derecho al cargo" implantando un procedimiento disciplinario y constante y anulando la atribución enteramente arbitraria del "jefe" sobre el funcionario subordinado. La burocracia intenta asegurar la posición del funcionario, el ascenso ordenado, y la seguridad para la vejez. En esto, la burocracia tiene el sostén del sentimiento "democrático" de los gobernados, que demandan una reducción de la dominación. Los voceros de esta actitud piensan poder determinar un debilitamiento de las atribuciones del jefe en todo debilitamiento de la prerrogativa arbitraria de éste sobre los subordinados. En este sentido, tanto en las oficinas privadas como en la administración pública, la burocracia actúa en favor de una evolución de "status" específica, con igual significado que los sistemas de cargos del pasado, organizados de un modo del todo diverso. Ya indicamos que, por lo general, ese carácter de status también es explotado y que, por su índole, intensifica la utilidad técnica de la burocracia en la realización de su trabajo específico.

La "democracia" reacciona justamente contra el necesario sentido de "status" de la burocracia. La democracia trata de reemplazar el nombramiento de funcionarios por su elección por períodos breves; trata de reemplazar la destitución de los funcionarios elegidos por un sistema disciplinario determinado. Por consiguiente, la democracia trata de sustituir la atribución arbitraria del "jefe" jerárquicamente superior por la disposición, también arbitraria, de los gobernados y los jefes de los partidos que los conducen.

El prestigio social que resulta de una educación e instrucción específicas no es de ningún modo propio de la burocracia. Al contrario. Pero en otras estructuras de poder, el prestigio educativo se sustenta en bases esencialmente distintas. Para decirlo a modo de consigna publicitaria, el "hombre cultivado" y no el "especialista", ha sido el objetivo de la educación y ha constituido el sentido de la consideración social en estructuras tan diversas como los estamentos de poder feudal, teocrático y patrimonial: en la administración inglesa de notables, en la antigua burocracia patrimonial china, y también en el dominio de los demagogos en la denominada democracia griega.

La expresión "hombre cultivado" se usa aquí con una significación enteramente indiferente respecto de toda valoración; por ella se entiende que la finalidad de la educación radica en el atributo que califica el modo de ser de un hombre en la vida *considerada* "cultivada", y no en una instrucción especialmente técnica. La personalidad "cultivada" era el ideal educativo inculcado por la estructura de dominación y el atributo social requerido para acceder al estrato gobernante. Esta educación estaba dirigida a producir un tipo caballeresco o ascético; o bien, un tipo literario, como en China; un tipo humanista-atlético, como en Grecia; o un tipo convencional, como en el caso del *gentleman* inglés. La distinción del estrato gobernante como tal radicaba en la posesión de "más" calidad cultural y no en "más" conocimiento técnico. Claro está que también se desarrollaba una capacidad militar, teológica, y jurídica especial, pero el énfasis de la educación helénica, medieval y también china se aplicó en factores educativos del todo diversos de lo que era "útil" para cada especialidad.

Por detrás de todas las discusiones actuales sobre las bases del sistema educativo, se oculta siempre la lucha entre el "tipo de hombre especialista" contra el tipo, más antiguo, de "hombre cultivado". Esta lucha está condicionada por el imperioso desarrollo burocrático en los estratos públicos y privados, y por la creciente importancia de los conocimientos técnicos y especializados. Esta lucha contamina todos los problemas educativos y culturales internos.

La expansión de la burocracia ha exigido la supresión de las trabas que impedían el desarrollo de la equiparación necesaria para la burocracia. Por otra parte, las organizaciones burocráticas se interpenetran con estructuras administrativas fundadas en principios distintos. Como ya nos hemos ocupado anteriormente de estas estructuras, discutiremos brevemente ahora algunos *principios* estructurales de importancia. Un examen de todos los tipos existentes sería demasiado extenso. Nos limitaremos a formular las siguientes preguntas:

1. ¿En qué medida las estructuras administrativas están determinadas económicamente? O, ¿en qué medida otros factores, por ejemplo, los puramente políticos, determinan oportunidades de desarrollo? O, por último, ¿en qué

medida los procesos son determinados por una lógica "autónoma" exclusivamente unida a la estructura técnica como tal?

2. Nos preguntaremos si, por su parte, estos principios estructurales determinan efectos económicos específicos y, si es así, cuáles. Para esto, naturalmente, hay que tener presente la fluidez y las múltiples transiciones de todos estos principios organizativos. En última instancia, sus tipos "puros" han de ser considerados como simples casos extremos particularmente valiosos y necesarios para el análisis. Las realidades históricas, que casi siempre se muestran en formas mixtas, se han movido y aún se mueven entre esos tipos puros. La burocracia, por doquiera, es un producto reciente del desarrollo. Cuanto más ascendemos en la historia, más típica se vuelve la ausencia de una burocracia y de un conjunto de funcionarios en el seno de la estructura dominante. La burocracia tiene un carácter "racional": su actitud está determinada por normas, medios, fines y situaciones de hecho. Por esta razón, su origen y expansión han tenido, por doquiera, consecuencias "revolucionarias" en un sentido peculiar que todavía no hemos discutido.

Son las mismas consecuencias que, en general, ha provocado el avance del racionalismo. El progreso de la burocracia ha destruido estructuras desprovistas de todo carácter "racional", en un sentido especial del término. Queda como tarea determinar cuáles han sido esas estructuras.

www.sequitur.es